DESATANDO *nós*, CONSTRUINDO *laços*

A terapia EMDR com crianças

Jackeline Figueiredo Barbosa Gomes

DESATANDO nós,
CONSTRUINDO
laços

A terapia EMDR
com crianças

TraumaClinic
Edições

EDIÇÃO
Esly Regina Souza de Carvalho, PhD.

NORMATIZAÇÃO
Lara Spagnol

CAPA E ILUSTRAÇÕES
Rebeca Prado

PROJETO GRÁFICO
Caio Rodrigues

LEITURA SENSÍVEL
Eliane Barbosa Ramos, Glenda Patrícia de Oliveira Almeida Gomes,
Júlia Barbosa Gomes, Márcia Oliveira de Carvalho, Matheus
Barbosa Gomes, Orlando Abreu Gomes

Catalogação na Publicação (CIP)

G633	Gomes, Jackeline Figueiredo Barbosa, 1971- Desatando nós, construindo laços: a terapia EMDR com crianças / Jackeline Figueiredo Barbosa Gomes. Brasília: Traumaclinic Edições, 2021. 156 p. : il. color. ISBN 978-1-941727-79-9 1. Psicologia 2. Terapia EMDR – Crianças 3. Experiências Adversas de Infância – Psicologia 4. Casos clínicos – Psicologia I. Título

CDD: 150.198

Bibliotecária responsável: Cleide A. Fernandes CRB6/2334

Todos os direitos desta edição reservados à:
TRAUMACLINIC EDIÇÕES
SEPS 705/905, Ed. Santa Cruz, Sala 441 - Asa Sul.
CEP 70390-055   Brasília – DF / Brasil

www.traumaclinicedicoes.com.br
info@traumaclinicedicoes.com.br

Escrever este livro foi possível em virtude do apoio constante que me é oferecido pelos meus amores Orlando, Matheus e Júlia. Ao respaldarem o meu trabalho, me permitem acreditar que podemos fazer a diferença na vida das pessoas, me lembrando que cada existir é importante e que, por isto, o processo de cura deve ser construído o quanto antes.

Incluo nessa homenagem os meus pais, José e Erondina que, em suas orações diárias, me abençoam e protegem, permitindo que eu dê o próximo passo. Aos meus irmãos, sou grata por me incentivarem e me lembrarem, sempre, sobre a importância da nossa origem.

Aos meus amores, dedico este livro, reverenciando nossa parceria que acolhe, chancela e permite voar.

Agradecimentos

Os meus agradecimentos especiais vão para as crianças (incluindo aquelas que também moram nos adultos que recebo) que, com as suas histórias impactantes, me permitiram compreender que para além da dor existe a possibilidade de um oásis de refazimento. Com elas aprendi que é possível, desde muito cedo, reescrever histórias, fazer conexões curativas, pintar a vida com a cor que desejarmos e acima de tudo sonhar que dias melhores virão. Ao compartilharem comigo as experiências difíceis que enfrentaram, me ensinando sobre superação, força e esperança, me ofereceram um caminho firme e fecundo, na direção da reconstrução de histórias que, apesar de tudo, podem ser felizes.

À Dra. Francine Shapiro, mulher progressista e diligente que, a partir da sua própria história de dor, acreditou que seria possível encontrar um caminho mais próspero e saudável para a recuperação e manutenção do bem-estar físico e mental. A crença de que havia uma conexão entre o estresse e o adoecimento a impulsionaram a buscar por abordagens que possibilitassem a reorganização emocional e que, por sua vez, favorecessem o equilíbrio da saúde como um todo. Por meio do seu trabalho primoroso, Shapiro presenteou o mundo com a terapia EMDR, um verdadeiro bálsamo, seu legado de cura para todos nós.

À Esly Carvalho que, ao gestar a terapia EMDR em seu coração, tornou-se sua mãe na América Latina. Seu incansável trabalho para promover e impulsionar essa modalidade terapêutica tem permitido a formação de diversos profissionais, possibilitando que a cura emocional chegue a muitos. Seja ministrando aulas de formação básica, escrevendo livros, realizando palestras, trabalhando com a formação continuada de inúmeros profissionais, ela segue semeando o legado de Francine Shapiro. A cada passo dado, aumenta a possibilidade de rompermos com o círculo do trauma. A ela, que nos inspira a seguir, meu agradecimento por tanto.

À Roberta Dunton, carinhosamente chamada de Robbie, que por meio do seu trabalho incansável à frente do *EMDR Institute* foi imprescindível para o desenvolvimento da terapia EMDR no mundo. Robbie é reconhecida como a pioneira no trabalho de EMDR com crianças, tendo sido a profissional que desenvolveu os movimentos bilaterais táteis e auditivos para possibilitar o manejo clínico desta abordagem com o público infantil. A ela meu agradecimento sincero por nos possibilitar tanto.

Agradeço à Ana M. Gomez, reconhecida especialista na terapia com crianças, que com o seu trabalho inovador e criativo nos ensina a promover o encontro amoroso e profissional com o público infantil. Com ela aprendi que sempre é possível encontrar entradas e saídas. Ela, sem dúvida, funciona como um modelo feliz e transformador para nós.

Fazer referência a nomes nos coloca em situação embaraçosa. Tantos são os que me acolhem, ensinam, orientam, motivam e pegam pela mão, que me detenho a agradecer de forma coletiva, mas não menos importante, a todos os que, com a sua larga experiência como terapeutas EMDR me guiaram, oferecendo sua orientação. Ainda hoje funcionam como bússola que norteia o meu caminhar profissional. Gratidão é o que dedico a vocês, desejo que se encontrem neste espaço.

Procura-se criança desaparecida...

Criança que foi vista, pela última vez, dentro de nós mesmos, há muitos anos. Ela pulava, ria e ficava feliz com brinquedos velhos.

Pulava amarelinha, jogava pião, brincava na chuva, corria nas calçadas, subia nas árvores. Vibrava quando ganhava brinquedos novos. Dava vida a latinhas, tampinhas, soldadinhos de chumbo, bonecas. Brincava de médico, era enfermeira ou paciente. Jogava botão. Colecionava pedrinhas, figurinhas, devorava ovos de Páscoa. Ah, escrevia cartinhas pra Papai Noel. Soltava balões e brincava de "passa anel". Batia palmas no circo, adorava zoológico, brincava de roda, ficava feliz quando se empanturrava de sorvete. Ela se emocionava ao ouvir estórias contadas pela mãe. Fazia beicinho quando a professora a colocava de castigo, mas era feliz com seus amigos, sua pureza, sua inocência.

Onde ela está? Para onde foi? Quem a vir, venha nos falar. Ainda é tempo de fazermos com que ela reviva, retomando um pouco a alegria da infância e deixando a alma dar gargalhadas. (Autoria desconhecida).

Prólogo

Este livro nasceu de um antigo desejo de compartilhar com os colegas EMDRistas a minha prática clínica, por meio da qual tem sido possível acompanhar um incrível processo de reconstrução de histórias, oportunizado pela terapia EMDR.

Com este trabalho, desejo contribuir para o desenvolvimento da prática desta terapia com o público infantil, enfocando temas fundamentais que alicerçam e norteiam a compreensão sobre a importância de começarmos a cuidar dos impactos emocionais o quanto antes. Neste contexto, a intervenção precoce é imprescindível para descontruir os nós causados pelos traumas, transformando a fita que os atava em matéria prima para o laço que está por vir. Tal realidade me faz lembrar uma conversa entre colegas quando um deles comentou não trabalhar com crianças por se sentir impactado ao pensar que estas já sofrem desde muito cedo. De maneira interessante, é exatamente este o motivo pelo qual nós devemos recebê-las como pacientes, precisamos romper com a dor emocional o mais breve possível, para que a infância seja preservada e acima de tudo, protegida.

A proposta do livro é caminharmos lado a lado, numa comunicação ativa, e nesta parceria, seus dois hemisférios cerebrais e os meus dois, criarmos viabilidade para desenvolver um processo terapêutico capaz de oferecer estabilidade, segurança, organização emocional e emancipação à criança.

Ao longo deste livro, apresento o trabalho que venho desenvolvendo com as crianças, as estratégias que utilizo para dar forma e estrutura à terapia, os recursos criados para permitirem um processo terapêutico acolhedor e fluido, assim como a base teórica que respalda a trajetória do terapeuta EMDR. Deste contexto, fazem parte a Conceituação de casos, o Plano de tratamento, o Protocolo de 3 Etapas e o de 8 Fases. O conteúdo é desenvolvido por meio da apresentação teórica dos referidos conceitos, bem como do compartilhar de casos clínicos, que possibilitam compreender de forma prática como é resolutivo e, ao mesmo tempo, transformador o trabalho do EMDR com as crianças.

Assim, o que se espera é que cada ajudante EMDR (para fazer referência a como Ana Gomez, especialista mundial na terapia com os pequenos, percebe o EMDRista que se dedica ao trabalho com as crianças) possa se sentir mais habilitado e guarnecido internamente para auxiliar as crianças a reconstruírem sua história, página por página. Nosso intuito maior a cada trabalho executado com a terapia EMDR é "ver a vida e a felicidade voltarem para aqueles em necessidade [...]. Nos unimos no compromisso de fazer o melhor para garantir que ninguém seja deixado para trás." (SHAPIRO, 2020, p. 427).

Como, de maneira geral, as crianças apresentam redes neurais com pouca complexidade, o que vemos acontecer por meio do trabalho cuidadoso com a terapia EMDR é a resolução de seus conflitos emocionais em um tempo consideravelmente curto. Esta possibilidade impede que elas sofram por anos e as protegem de reproduzirem os traumas vivenciados. Segundo Shapiro, o desenvolvimento de oito estudos clínicos randomizados demonstrou "que a terapia EMDR elimina, efetivamente, os sintomas clínicos relacionados a trauma em crianças." (SHAPIRO, 2020, p. 323-324). A lida diária com as crianças, incluindo aquelas que moram dentro dos adultos que buscam no EMDR a possibilidade de oferecerem um novo contexto para as suas vidas, tem nos ensinado muitas coisas. Dentre estas, o fato de que é possível, pelo reprocessamento das lembranças traumáticas, alcançar a transmutação das memórias, efetivando *a mudança de traço*, gerando aprendizagem e oportunizando o desenvolvimento de um novo sentido para o que antes era disfuncional.

Levando em consideração o fato de que a terapia EMDR é indicada para as pessoas que vivenciaram, em algum período da vida, eventos potencialmente traumáticos, faz parte deste livro uma menção especial e honrosa, além de uma atenção importante, ao Estudo das Experiências Adversas de Infância (ACE[1]) e como estas

---

[1] Adverse Childhood Experiences

afetam a saúde e as possibilidades de quem as viveu. Conhecer sobre traumas e estar atento aos desdobramentos emocionais, físicos e mentais causados por eles, constitui parte fundamental do trabalho exercido pelo terapeuta EMDR.

Diante do contexto da pandemia, que exigiu de nós criarmos estratégias para que os cuidados terapêuticos chegassem onde fossem necessários, o trabalho online fez-se imprescindível, inclusive para as crianças.

De acordo com diversas pesquisas, as incertezas sobre a pandemia, somadas ao período de isolamento, são responsáveis por inúmeros desdobramentos negativos sobre o desenvolvimento das crianças, gerando impactos severos sobre sua emoção, cognição, comportamentos, aprendizagem e interação social (UNICEF, 2020). Os manejos clínicos e as estratégias terapêuticas apresentadas neste livro são totalmente aplicáveis no atendimento online. O apontamento a ser feito se refere aos ajustes que forem necessários para que o trabalho se desenvolva com segurança, qualidade e fidelidade tanto aos protocolos quanto aos manejos da terapia EMDR. Estamos falando da presença do cuidador durante a sessão, do tempo apropriado para esta, dependendo da idade e das necessidades da criança, da preparação do ambiente terapêutico para o atendimento em si. Além disto, inclui-se aqui a parceria do cuidador atuando como coterapeuta, fazendo as vezes do terapeuta principal que, fisicamente, está do outro lado da tela. Tudo isto, somado ao cumprimento das diretrizes estabelecidas pelo código de Ética, pelo Decreto 11/2018, além da exigência de o profissional estar inscrito no Cadastro e-Psi.

Ao final do livro, você encontrará um capítulo exclusivo, dedicado ao processo de alta, oferecendo estratégias e manejos para preparar a criança em relação a este próximo passo.

Seja muito bem-vindo ao universo transformador da terapia EMDR. Você é meu convidado especial para embarcar no trem do reprocessamento.

Menos Nós, Mais Laços

Há projetos que chamam a atenção porque entram pela porta do coração.

As crianças são a luz dos olhos, a esperança do futuro e, como dizia a minha Vó Minda de saudosa lembrança, representam o nosso desdobramento em outras gerações. Dentro dessa perspectiva, sempre cri que a "família vem primeiro" e as crianças são quem puxam a fila da importância.

O estudo sobre o impacto das experiências adversas da infância (Adverse Childhood Experiences) nos mostra que os acontecimentos difíceis e traumáticos que sofrem as pessoas na sua infância, afetam seu futuro - não apenas em relação ao seu entendimento emocional e psicológico, mas também no desenvolvimento de doenças físicas na vida adulta.

A terapia EMDR mudou minha vida. Levar o conhecimento desta ferramenta científica e maravilhosa, capaz de transformar traumas em triunfos, virou uma das grandes missões da minha vida. De forma que quando conheci o trabalho da Jackeline Gomes de terapia EMDR com crianças, se juntaram o corpo, a alma e o espírito da inspiração divina que resgata as crianças. Por meio do que ela ensina nos seus cursos e - agora neste livro - Jackeline traz aquela contribuição delicada e esclarecedora, de forma modesta e enganosamente simples, que é a arte de curar crianças.

A mágica da terapia EMDR é sua capacidade eficaz e revolucionária de fazer esquecer o sofrimento. Não é que apaga a lembrança, mas transforma sua capacidade de ferir e fazer sofrer. Este é o elemento essencial para que as crianças de hoje se tornem os adultos de amanhã, capazes de maturidade, sabedoria e saúde emocional.

Daí poderão multiplicar e prosperar no lugar da sua antiga aflição, a terra da sua infância.

Jackeline conseguiu costurar todos estes temas com simplicidade e entendimento. É uma delícia ler este livro e aprender com uma maestra ímpar no trato com crianças. Sua criatividade nos leva a sonhar os sonhos mais belos para as crianças mais feridas e maltratadas. Assegura-nos que há esperança para as dificuldades e os traumas que enfrentam as crianças; nos faz acreditar que aquilo que foi feito com maldade e veneno contra um destes pequenos, pode se tornar em seu maior bem, sua maior riqueza. Jackeline consegue encontrar, e nos ensina como achar, a força e o poder de resgatar a resiliência infantil, aquela que mora no cerne de cada ser abençoado que é uma criança.

Desfrute desta leitura como a gente lambia o sorvete na tarde de domingo, com total gostosura. Desfrute da mesma forma que a gente corria quando soltava pandorga e sonhava em voar nas asas do céu. Guarde a certeza de que podemos oferecer dias melhores às crianças, aquelas que vivem no nosso seio e as crianças que vivem no coração da mãe Brasil.

Bom proveito!

Esly Regina Souza de Carvalho, Ph.D.

Trainer of Trainers, EMDR Institute, AIBAPT
Trainer, Psicodrama
Trainer, Brainspotting
Presidente, Grupo TraumaClinic/EMDR Treinamento e Consultoria
Presidente, Praça do Encontro
Vice-Presidente, Relações Internacionais, Associação Ibero-americana de PsicoTrauma (AIBAPT)
Presidente Fundadora, EMDR IBA (2007-2013)

Sumário

**Em cada criança deveria
ser colocado um cartaz que dissesse:
tratar com cuidado, contém sonhos**

ilustrações: Rebeca Prado

Melhor prevenir do que remediar: o valor de cuidar das crianças terapeuticamente

Existe um ditado popular que afirma que *o custo do cuidado é sempre menor do que o do reparo e outro que ensina que quando nossa infância é calorosa, ficamos protegidos do frio para o resto da vida.*

Em relação à terapia com crianças, quanto mais cedo pudermos auxiliar o cérebro na digestão das histórias disfuncionais, menos impactos serão causados tanto a nível emocional quanto fisiologicamente. A reportagem "Imagens de dois cérebros infantis mostram a diferença que o amor dos pais faz", publicada pelo portal BOL em 2017, traz estudos que mostram que o cérebro de uma criança que sofre traumas, por excesso (abusos) ou por falta (negligência), é menor e menos uniforme do que aquele que pertence à criança que recebe, dos seus cuidadores principais, afeto de qualidade, segurança e proteção. Traumas emocionais e físicos causam atrasos no desenvolvimento e respondem por problemas de memória. Quanto mais precocemente os traumas acontecem, maiores são os danos na formação de vínculos saudáveis com o entorno, o que pode responder pelo comportamento de intensa dependência ou de expressivo isolamento (BOL, 2017).

Em relação aos danos causados ao cérebro pelos traumas, Shapiro ressalta que:

> os neuropsicólogos do desenvolvimento demonstraram que a negligência e a falta de vinculação entre pais e filhos, na primeira infância, podem levar a déficits de organização cortical necessária para o autorrelaxamento e a autorregulação (SHAPIRO, 2020, p .6)

Ainda sobre a temática apresentada anteriormente, Dunton afirma que:

> crianças traumatizadas estão propensas a apresentar respostas de estresse exacerbado e esta condição pode torná-las agressivas, impulsivas e carentes. Elas são difíceis, perturbam-se facilmente e têm dificuldade para se acalmar, podendo ter reações exageradas ao menor sinal de novidade ou mudança e muitas vezes não sabem como pensar antes de agir. [...]. Crianças problemáticas estão vivenciando algum tipo de dor – e a dor torna as pessoas irritáveis, ansiosas e agressivas. (DUNTON apud GOMEZ, 2014, p. XX.)

Diante do exposto, não se pode refutar a realidade de que, quanto mais precocemente os conteúdos traumáticos vivenciados pelas crianças forem tratados, menores serão os danos causados aos seus cérebros e em sua vida de forma geral. Por conseguinte, a redução dos impactos emocionais traumáticos sobre a vida da criança favorecerá o desenvolvimento da sua capacidade de criar vínculos afetivos saudáveis, promovendo a sua emancipação emocional, o desenvolvimento da resiliência e do senso de Eu saudável e feliz.

Segundo Shapiro (2020), quando um trauma acontece, ele fica gravado em redes de memória em forma estado-específica, ou seja, em aprendizagem dependente de estado. Quando esse processo é deflagrado, a pessoa passa a observar a vida com os óculos do trauma através das lentes que utilizava com a idade que tinha, quando o evento ocorreu.

Sobre o assunto, van der Kolk afirma que:

> as experiências traumáticas deixam marcas, seja em grande escala [...], seja em lares e famílias, com seus segredos tenebrosos que passam de uma geração a outra. [...] imprimem marcas na mente, nas emoções, na capacidade de desfrutar de alegrias e prazeres, e até no sistema biológico e imunológico. O trauma afeta não só as pessoas que o sofreram diretamente como também as que as rodeiam (VAN DER KOLK, 2020, p. 9)

Assim, quanto mais cedo o trabalho de reprocessamento for iniciado, menor o impacto dos eventos traumáticos sobre a vida do nosso cliente. Por meio do tratamento com a terapia EMDR, o profissional estará certamente evitando anos de dor emocional, de comportamentos disfuncionais e de transtornos graves. Quanto mais precocemente começarmos, menos intensas serão as marcas deixadas no terreno macio da infância. Diante disto, fica o convite, mãos à obra.

Capítulo 1

As experiências adversas de infância e seus impactos sobre a vida

ÁRVORE DO TRAUMA

A partir do ponto que o trauma ocorrer, o resto do crescimento da árvore (cérebro) será impactado negativamente

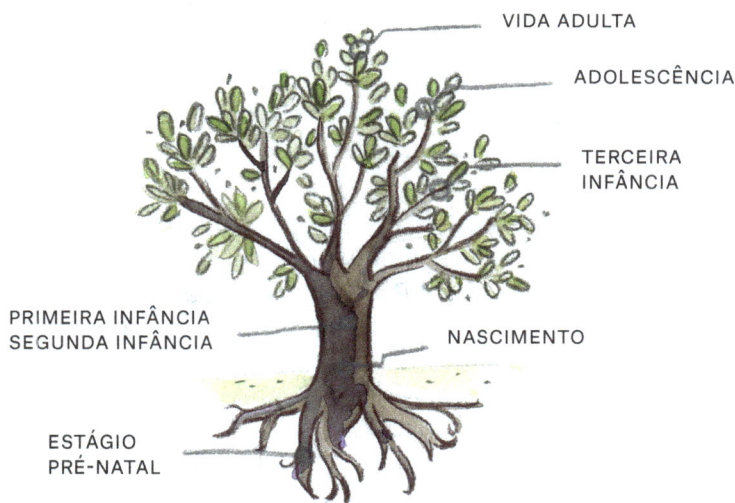

VIDA ADULTA

ADOLESCÊNCIA

TERCEIRA INFÂNCIA

PRIMEIRA INFÂNCIA
SEGUNDA INFÂNCIA

NASCIMENTO

ESTÁGIO PRÉ-NATAL

O trauma precoce frequentemente não é prevenido, não recebe tratamento adequado e é mal compreendido

Fonte: Brewer apud Nogueira, 2020.

Quanto mais precocemente as experiências adversas de infância (ACEs) forem vivenciadas pelas nossas crianças, maiores serão os prejuízos para o cérebro, tanto morfológica quanto fisiologicamente. Os desdobramentos acometem sua saúde emocional, física e espiritual, prejudicam a aprendizagem, o desenvolvimento de vínculos afetivos saudáveis, colocando em risco todas as possibilidades que residem na infância. Traumas severos na infância respondem pelo adoecimento grave na vida adulta, aumentando a probabilidade de morte, provocando transtornos de ansiedade, de humor, transtornos de personalidade e outras complicações psiquiátricas. Cuidemos do nosso bem mais precioso, as crianças. Elas contam com o nosso cuidado e afeto equilibrado para se desenvolverem como precisam e merecem: seguras e felizes.

A. O Estudo ACE e suas contribuições sobre os impactos causados pela ocorrência dos traumas precoces

O Estudo sobre as Experiências Adversas de Infância (ACE) *é o estudo epidemiológico mais influente do nosso tempo, conduzido em colaboração entre a Kaiser Permanente em San Diego e o Centro de Controle e Prevenção de Doenças* (CDC) (FELITTI *et al.*, 1998 apud SHAPIRO, 2020, p. 429). O referido estudo contou com a participação de cerca de 17.000 pessoas e verificou o impacto de 10 categorias de experiências adversas sobre esses indivíduos, antes dos 18 anos, relativamente à sua saúde futura e ao bem-estar físico e mental. As 10 categorias incluíram cinco na modalidade de autorreferência, nos quesitos: abuso físico, verbal e sexual; negligência física e emocional. As outras cinco *são relativas aos membros da família: pais alcoólatras ou maltratados no contexto doméstico; um membro familiar preso; um membro familiar com doença mental e a perda dos pais por divórcio, morte ou abandono* (SHAPIRO, 2020, p. 429). Os resultados do estudo concluíram que um ACE com escore muito elevado, aumenta consideravelmente o risco de problemas futuros tanto para a saúde emocional quanto física. Portanto, pesquisas mostram que existe um nexo causal importante entre as experiências adversas de infância e o desenvolvimento de traumas, bem como o adoecimento na vida adulta (SHAPIRO, 2020, p. 429).

B. O que são Experiências Adversas de Infância

Experiências Adversas de Infância são eventos potencialmente traumáticos que ocorrem na infância (0-17 anos) tais como: experienciar violência, abuso ou negligência; testemunhar violência em casa e/ou ter um membro da família que tentou ou cometeu suicídio. Estão incluídos nesta definição os aspectos do ambiente da criança que podem minar seu sentimento de segurança, estabilidade e conexão, tais como crescer com um cuidador que seja dependente químico e/ou que apresente problemas mentais. Fazem parte deste processo a instabilidade causada pela separação dos pais ou a prisão de um deles, de um irmão ou outro membro da casa. Faz-se fundamental ressaltar que eventos traumáticos na infância podem ser emocionalmente dolorosos ou estressantes e podem ter efeitos que persistem por anos. (DIVISION OF VIOLENCE PREVENTION NATIONAL CENTER, 2019).

C. Como as ACEs afetam a saúde e as possibilidades dos indivíduos

No que se refere ao impacto das experiências adversas de infância sobre a saúde de quem as vive, os estudos realizados pelo CDC demonstram que os anos da infância, do período pré-natal até o final da adolescência, são os anos que servem de base para as relações adultas, para a saúde, para os comportamentos, bem como, para o resultado das interações sociais. As experiências adversas e as condições associadas, tais como viver com poucos recursos ou em regiões segregadas racialmente, com mudanças constantes, experienciando escassez de alimento e outras instabilidades, pode causar estresse tóxico por meio da ativação prolongada do sistema de resposta ao estresse, ou seja, da manutenção do funcionamento ininterrupto do sistema límbico por meio das amígdalas (DIVISION OF VIOLENCE PREVENTION NATIONAL CENTER, 2019, p. 8, tradução nossa). Este funcionamento mantém a criança em um intenso estado de hipervigilância, aumentando o nível de cortisol em seus circuitos cerebrais, o que contribui para um desgaste emocional e físico constantes, visto que o sistema de fuga e luta permanece ligado e atuante o tempo todo. Tal cenário de *guerra emocional* impacta diretamente na capacidade da criança em desenvolver com qualidade seus laços internos e externos, suas possibilidades de aprendizagem formal e lúdica, bem como, na qualidade de sua interação com o mundo ao seu redor, gerando uma vida de aridez emocional e carente em estruturação em vários níveis de funcionamento.

Sobre o tema em destaque, o CDC por meio da Divisão do Centro Nacional de Prevenção à Violência afirma que:

> Um grande e crescente número de pesquisas indica que o estresse tóxico durante a infância pode agredir os mais básicos níveis de sistema nervoso, endócrino e imune, e que tais exposições podem até mesmo alterar a estrutura física do DNA (efeitos epigenéticos). Mudanças cerebrais geradas por estresse tóxico podem afetar diretamente questões ligadas à atenção, comportamento impulsivo, tomada de decisões, aprendizado, emoção e resposta ao estresse. Na ausência de fatores que possam prevenir ou reduzir o estresse tóxico, as crianças que crescerem sob tais condições geralmente sofrerão dificuldades para aprender e concluir a escolaridade. Eles sofrem um risco maior de se envolverem com crime e violência, uso de álcool e drogas, bem como, de desenvolver o interesse por outras atividades que representam um perigo à saúde (ex: início precoce da vida sexual, sexo desprotegido e tentativas de suicídio). Elas ficam suscetíveis a doenças e mudanças da saúde mental durante suas vidas. Crianças que crescem num ambiente de estresse tóxico podem ter dificuldade de formar relacionamentos saudáveis e

estáveis. Elas também podem ter histórico de trabalhos instáveis e dificuldades financeiras, profissionais, familiares, assim como, depressão durante a vida – efeitos que podem se repetir em seus filhos. (DIVISION OF VIOLENCE PREVENTION NATIONAL CENTER, 2019, p. 8, tradução nossa).

Outras pesquisas corroboram o impacto das experiências adversas sobre a criança e o seu desenvolvimento ao longo da vida, respondendo por marcas traumáticas em sua história de forma geral. Dentre essas, podemos citar o estudo realizado por Afifi *et al.* (2012) o qual afirma que eventos relacionados à punição severa (como espancamento, empurrões, dentre outras formas de agressão física) estão diretamente relacionados ao desenvolvimento dos transtornos de humor, transtornos de ansiedade, transtornos de personalidade, dependência química, dentre outros.

Por sua vez, Porges (apud GOMEZ, 2014) esclarece que o desenvolvimento da psicopatologia de forma crônica e intensa, está relacionado com a incapacidade da criança de inibir o sistema de fuga e luta em ambientes saudáveis, assim como de ligá-los na iminência do perigo.

A partir da análise dos desdobramentos impactantes e nocivos causados pelas ACEs, quanto mais cedo as crianças forem tratadas, mais rapidamente a transmutação dos eventos, que estavam gravados de maneira disfuncional em suas redes de memória, poderá se efetivar. Este movimento favorece a reorganização do conteúdo emocional mal-adaptativo que, por meio do reprocessamento, se vincula às redes positivas de memória, promovendo a ressignificação do que foi vivenciado durante o evento traumático. Tal mecanismo dinâmico, que acontece via neuroplasticidade cerebral, reativa o Processamento Adaptativo de Informação (PAI) permitindo que o cérebro retome a sua capacidade de digerir os conteúdos emocionais de caráter disfuncional.

A terapia EMDR e sua estruturação

A terapia EMDR é uma modalidade de tratamento focado, sendo essa uma das razões que garante a sua eficácia em curto espaço de tempo, quando comparada às terapias tradicionais.

Para Shapiro, "um tratamento eficaz com o EMDR requer o conhecimento de como e quando utilizá-lo" (2020, p. 65), dependendo inclusive da escolha do alvo que será reprocessado. Para o caso de os alvos serem escolhidos sem exatidão, pode acontecer de os resultados do tratamento serem pouco eficazes.

Em suma, como aponta Shapiro (2020), o tratamento com a terapia EMDR é alicerçada pelo funcionamento do PAI, que possibilita a retomada do reprocessamento de maneira autônoma pelo cérebro. É composto por um Protocolo de 3 Etapas e outro de 8 Fases. Além disso, requer foco de atenção dual para que o cliente possa reprocessar as histórias disfuncionais na segurança do presente, na companhia do seu terapeuta. Lembrando que cada pessoa é única e suas redes de memória também, é de se esperar que o número de sessões que compõe cada fase, como também o número de fases incluídas em cada sessão, varie em virtude do cliente e de suas possibilidades de reprocessamento, dependendo do alvo a ser trabalhado. A partir de tal estruturação, é possível desenvolver a Conceituação de Caso e o Plano de Tratamento, ferramentas imprescindíveis no manejo do EMDR.

A. Conceituação de Caso

A Conceituação de Caso é a base do Plano de Tratamento, por meio dela alcançamos os efeitos mais profundos e abrangentes possíveis, em um tempo mais curto (dependendo do caso, da queixa, do paciente), mantendo o nosso cliente estável dentro de um sistema em equilíbrio.

Ana M. Gomez certa vez afirmou que as pessoas vêm para a terapia com o objetivo de arrumarem a mesa, a sala ou a casa (informação verbal)[2]. Para complementar, penso que elas incluem aí o sótão, o porão e a edícula. Independente de os pais terem trazido a criança para a terapia com o objetivo de reduzir ou eliminar sintoma ou para realizar um tratamento abrangente, o terapeuta deve prezar por garantir um histórico completo da criança. Somente por seu intermédio é que a melhor estruturação do tratamento poderá ser feita.

O desenvolvimento do tratamento para cada criança será, sem exceção, orientado pelo PAI e pelos procedimentos do EMDR, incluídos aqui os protocolos anteriormente citados, a conceituação de casos e o plano de tratamento, somados às necessidades específicas de cada criança e de suas famílias (GOMEZ, 2014).

B. Plano de Tratamento

Desenvolver um plano de tratamento aprofundado é imprescindível para alcançar o melhor resultado na terapia EMDR. Ele favorece uma visão ampla e sequencial do tratamento que será realizado com a criança, permitindo um manejo mais focado e resultados de maior qualidade, em menor espaço de tempo. O Plano de Tratamento tem início no momento em que o terapeuta recebe a solicitação para tratar a criança. Como a solicitação foi feita, por quem e de que maneira, já oferece ao profissional uma compreensão inicial bastante importante sobre parte do contexto no qual a criança está inserida. Segundo Gomez (2014) após o desenvolvimento do cenário clínico, bem como do mapeamento dos recursos e das rupturas emocionais vivenciadas pela criança, um plano de tratamento deve ser criado e desenvolvido para alcançar os objetivos almejados com a sua terapia.

---

[2] Fala de Ana M. Gomez durante o curso de Protocolo EMDR com caixa de areia, realizado em 13 de setembro de 2018.

C. Protocolo de 3 Etapas

Partindo do pressuposto que as redes de memória são a base tanto da patologia quanto da saúde, todo o trabalho desenvolvido utilizando a terapia EMDR requer a inclusão das 3 Etapas: Passado, Presente e Futuro. É preciso compreender o que gerou e o que está mantendo as queixas atuais dos nossos pequenos pacientes. Assim, compreender a história da criança desde o seu nascimento até o momento no qual ela chega ao consultório, funcionará como um norte geográfico, determinando como o trabalho será desenvolvido, considerando as necessidades para o processo, avaliando as ocorrências, os impactos emocionais vivenciados pela criança, além de seus recursos internos e externos.

A criança e o seu cuidador chegam ao consultório com o relato de uma queixa no momento *presente*. O profissional por sua vez, conduzirá a primeira entrevista buscando por todos os dados relevantes e que compõem a história de vida da criança. Na sequência, buscará por eventos anteriores que acaso possam responder pelas ocorrências atuais, ou seja, o terapeuta EMDR deve se perguntar: existe nexo causal entre o que está diante de mim e alguma situação anterior? Assim, o *passado* figura como um período fundamental de ser visitado e compreendido por nós EMDRistas. Em relação ao *futuro*, nosso foco é ajudar a criança a se perceber capaz de criar estratégias saudáveis e funcionais para lidar com o seu dia a dia, sentindo-se segura, alicerçada e feliz.

D. Protocolo de 8 Fases

A terapia EMDR trabalha com o Protocolo de 8 Fases, por meio das quais todo o processo terapêutico é estruturado e conduzido. Cada fase tem seus objetivos específicos, a sua organização particular. As referidas fases serão abordadas posteriormente com o recorte específico para o trabalho com as crianças.

Desenvolvendo o processo terapêutico

A. Fase 1 — História Clínica: colocando o chapéu de Sherlock Holmes

A primeira fase da terapia EMDR consiste no desenvolvimento de uma anamnese aprofundada, que nos possibilitará conhecer os cânions emocionais dos nossos clientes, as rupturas, os excessos e as possíveis histórias de negligência que podem ter acometido a criança. Outro foco importante a ser abordado nessa fase, refere-se à compreensão da rede de recursos interna e externa da criança: quais são as estratégias que ela utiliza para se sentir bem, segura, em paz? Com quem ela conta para garantir sua segurança e integridade física e emocional? Quais são as suas redes de apoio? Outro ponto fundamental da Fase 1 diz respeito à prontidão do cliente para se submeter à terapia EMDR: o nosso pequeno cliente está apto para começar a terapia nesse momento? Será necessário um trabalho de preparação mais extenso para que a criança possa transitar pela seara do trauma sem muitas flutuações? Esse é o momento oportuno para começarmos o trabalho, levando em consideração o entorno do paciente e a disponibilidade do terapeuta?

Como parte relevante dos objetivos da Fase 1, é fundamental esclarecer do que se tratam o PAI, o Plano de Tratamento, os Protocolos de 3 Etapas e de 8 Fases, incluindo o funcionamento geral do EMDR, além do que se pode esperar como resultados, somado ao desenvolvimento do contrato que representará o tratamento em si.

Será por meio de uma coleta de dados bem-feita e o mais completa possível, que o terapeuta EMDR conseguirá realizar a Conceituação do Caso e, a partir deste passo, desenvolver o Plano de Tratamento.

Segundo Gomez, na Fase 1 é tempo de:

* Desenvolver a aliança terapêutica;
* Determinar se o cliente está apto ao tratamento de dessensibilização e reprocessamento [...];
* Determinar se o nível de especialização do psicoterapeuta é apropriado para a complexidade do caso;
* Coletar um desenvolvimento minucioso, assim como um histórico médico e psicossocial;
* Desenvolver um plano de tratamento viável e a conceituação de caso. (GOMEZ, 2014, p. 25.)

1. Encontrando os cuidadores – Compreendendo a história

Começo essa seção esclarecendo que a escolha de encontrar com os cuidadores e com a criança ao mesmo tempo ou em separado depende tanto do manejo do terapeuta quanto dos objetivos que ele queira alcançar. Por muito tempo, recebi a criança e os cuidadores em uma mesma sessão porque o meu desejo era, exatamente, compreender como a questão que estava sendo trazida para ser cuidada era abordada e vivenciada pela família nuclear. Confesso que foram momentos riquíssimos, que me agraciaram com visões particulares sobre como receber e cuidar de pessoas. Em alguns casos, o encontro era realizado em separado (com a criança ou um dos cuidadores ausente) para que a anamnese cumprisse, o mais fielmente possível, o seu objetivo primeiro: oferecer todos os dados necessários para traçar as diretrizes do processo terapêutico. Por mais de uma vez, recebi cuidadores que me solicitaram fazer a primeira sessão em separado porque queriam ajuda para comunicar ao filho que ele era adotivo. Outras vezes, me deparei com ex-casais em conflito e essa era, justamente, a situação que estava impactando a criança. Para não gerar mais pressão, recebi cada pai em uma sessão em separado e a criança em outra. O mais importante é saber que existem muitas possibilidades de ajustamento e cada caso pode (e deve) ser analisado com respeito e consideração. Todavia, a finalidade maior da anamnese (desde o início) se refere a ser um momento de aprendizagem único, por meio do qual histórias de vida serão apresentadas a nós, para possibilitarem o nosso trabalho, e precisam ser acolhidas com carinho. Assim, a forma como os primeiros encontros serão realizados, deverá considerar a análise apurada do terapeuta sobre qual o melhor manejo para determinadas situações. É importante considerarmos que a história pertence à família, sendo os seus membros, os melhores especialistas em seu funcionamento. Mesmo diante de um sistema em caos, será a condução bem estruturada, tendo a parceria como base, que possibilitará ao terapeuta dar o próximo passo.

Na maior parte das vezes, inclusive, acompanhando o trabalho de colegas de outros países, a minha prática tem contemplado encontros separados com os cuidadores principais e, na sequência, com a criança. Entretanto, devemos estar atentos para a riqueza e para as possibilidades ofertadas pela flexibilidade, acredito ser nela que reside a saúde. A doença, por sua vez, mora na rigidez.

O levantamento de uma história clínica bem fundamentada e completa começa, na verdade, desde o primeiro contato feito com o terapeuta: quem o fez, de que forma, em que momento da história de vida da criança e com qual objetivo? Muitas vezes, as informações chegam de fontes diversas como: os próprios pais, avós, outros membros familiares, babás, a escola, instituições sociais, dentre outros. Compreender tal contexto e seus desdobramentos possibilitará ao terapeuta EMDR acessar informações valiosas e, muitas vezes, esclarecedoras. Tais dados já desenham um panorama terapêutico importante.

Na fase 1, o profissional trabalha para desenvolver uma relação de confiança e segurança, tanto com a criança quanto com seus cuidadores. O resultado desse processo possibilita a construção de uma aliança terapêutica sólida e funcional, o *rapport* bem construído nos oferece um terreno firme para caminharmos. Nessa fase também acontecerá uma coleta minuciosa de dados envolvendo toda a história de vida e de desenvolvimento da criança. Por meio de uma anamnese abrangente, considerando áreas importantes na vida da criança, o terapeuta conseguirá criar um cenário que possibilite a compreensão, o mais completa possível, de como as questões trazidas para serem cuidadas na terapia foram se configurando na vida da criança.

Diante do exposto, para tecer nossos comentários, apoiamo-nos no pensamento de Ana M. Gomez que, em sua obra *Terapia EMDR e Abordagens Auxiliares com Crianças* (2014), aponta para um caminho importante a ser trilhado.

a. A exposição da dificuldade

Esta etapa se refere ao levantamento de como os responsáveis veem a dificuldade vivenciada pela criança. Para tanto, será fundamental compreender como os cuidadores a representam, com o que tal dificuldade se parece, o que os fez agendar a consulta nesse momento da vida da criança. Assim, trata-se de pesquisar detalhadamente a história que responde pelas rupturas emocionais e que, por sua vez, deram origem aos sintomas ou ao trauma em específico.

b. A compreensão dos recursos

Para além de pesquisar as dificuldades vivenciadas pela criança, é preciso estar a par de quais são as forças com as quais ela conta (dentro e fora de si) para lidar com o seu dia a dia e com a questão em específico. Conhecer os bolsões de recursos trazidos pelo cliente, oportuniza ao terapeuta saber com o que ele pode contar, o que precisa ser fortalecido, como e o quanto, além do que será necessário desenvolver. Essa etapa sinaliza aos cuidadores o fato de que existem possibilidades, de que há uma dinâmica que funciona em certo nível, ou seja, que nem tudo está perdido. Essa visão fortalece a conexão com a esperança, muitas vezes perdida, em relação ao que pode ser melhor e ao que pode ser diferente e saudável. Tal contexto funciona como uma força extra sobre o quanto um bom trabalho em equipe pode oportunizar. Afinal, muitos hemisférios cerebrais funcionam com mais eficiência e podem bem mais do que apenas os dois (o direito e o esquerdo) do cuidador.

Fazer (para o cuidador) perguntas do tipo: "Com o que é que se parece a exceção ao que está acontecendo agora ou com o que é que se parece a resolução dessa questão?" Ou: "Se a resolução para essa dificuldade fosse uma cor, uma textura, um cheiro, um instrumento, uma ferramenta (dentre outros), o que seria ou como seria?" "Como você se vê sendo parte do que funciona?"

É primordial que os responsáveis pela criança compreendam como a sua participação ativa e equilibrada é um elemento chave na qualidade satisfatória do processo terapêutico que se iniciará. Estar ciente desse fato favorece, inclusive, a indicação de terapia para o próprio cuidador, se for este o caso.

c. *O desenvolvimento da criança*

Para que possamos realizar um tratamento abrangente é fundamental compreender, de forma global, o contexto no qual a criança e o seu desenvolvimento se deram. Assim, o contexto pré, peri e pós-natal precisa se tornar conhecido. Nessa etapa, o terapeuta EMDR fará uma coleta de informações bastante detalhada, objetivando compreender o cenário do qual a criança e sua família fazem parte.

Neste ponto da anamnese, precisam ser consideradas questões que permeavam a história familiar quando souberam que um bebê faria parte daquele núcleo. O que estava acontecendo na família, tanto materna quanto paterna, relativo ao possível adoecimento/ morte de familiares, dos próprios pais da criança; como estava o contexto financeiro; as questões acadêmicas e profissionais dos pais; estabilidade emocional dos responsáveis; que idade tinham na época em que souberam que estavam grávidos. A partir daí, vamos contextualizar desde a gestação e seus desdobramentos até o nascimento em si. Além disso, quais outros acontecimentos importantes ocorreram? A criança nasceu com alguma necessidade que exigiu a sua permanência na maternidade para além do prazo rotineiro? Algum procedimento invasivo, cirurgia, medicalização, outras internações tanto sua quanto da genitora, por exemplo? Segundo Gomez, "fatores relacionados à saúde podem interferir no desenvolvimento da sintonia, do ajustamento e na regulação da interação entre os cuidadores e a criança." (2014, p. 27). Separações, mudanças, experiências com outros cuidadores; desenvolvimento geral da criança: controle esfincteriano, sono, alimentação, questões relativas ao tipo de apego desenvolvido e, por conseguinte, a estruturação dos "modelos internos de funcionamento do Eu e do outro e das redes de memória desenvolvidas pela criança." (GOMEZ, 2014, p. 28).

Compreender como as histórias foram acontecendo e a partir daí como os seus desdobramentos pautaram a vida dos cuidadores e da própria criança, é imprescindível para construirmos a bússola com a qual trilharemos o território irregular, cheio de altos e baixos forjado pelo trauma. Afinal, é sobre ele que o nosso pequeno paciente e seus cuidadores principais se movem. Isto posto, precisamos estabelecer uma possível correlação entre a demanda que estamos recebendo e os acontecimentos anteriores que, provavelmente, deram origem à queixa e continuam a alimentá-la.

Na medida em que todas estas informações vão sendo coletadas, o terapeuta EMDR realiza um trabalho minucioso conferindo, checando, testando, avaliando mais uma vez, montando o quebra-cabeça com as pistas e, então, vendo se desenhar na sua frente, um mosaico de cores, texturas e padrões que vão dando corpo e forma às histórias diante das quais estamos. Todo o trabalho de preparação, avaliação, dessensibilização e reprocessamento, além da projeção para o futuro, que será realizado e virá na sequência do encontro com os pais e com a própria criança, será embasado na Conceituação de Caso e no desenvolvimento do Plano de Tratamento por meio do cenário clínico apresentado e construído via Protocolo de 3 Etapas.

2. Desenvolvendo o Plano de Tratamento com o cuidador

O terapeuta EMDR deve ter clareza do quanto é fundamental compreender a história da criança pelo viés do passado, presente e futuro. Via de regra, todo trauma é uma retraumatização, ou seja, para que algo que acontece agora se torne um evento potencialmente traumático, é preciso se conectar à uma ocorrência anterior. Dito de outra forma, só haverá potencialização se houver conexão. Assim, se faz imprescindível compreender como a história que nos é apresentada pelos cuidadores principais ou por outras pessoas que convivem com a criança, foi sendo construída e se configurando como nos está sendo apresentada no consultório. A maneira mais completa de se fazer tal análise e de se desenvolver o trabalho terapêutico com o público infantil é, de acordo com Gomez (2014), pautar nossa trajetória clínica na abordagem e na pesquisa do passo a passo que se segue, na ordem a seguir.

a. Presente

Quando os cuidadores chegam ao nosso consultório, o fazem no presente informando o porquê da busca pela terapia (parece óbvio, mas fazer a coleta de dados sobre o caso, tendo em mente este esquema sequencial, garante ao terapeuta EMDR uma visão bem estruturada do processo). Nesta etapa, nosso foco diz respeito ao motivo que os fez buscar pelo tratamento. A rigor, o que está acontecendo na vida da criança?

Visando apurar as informações necessárias para definir como estruturar o roteiro de trabalho, é importante fazer as seguintes perguntas: "Quais são as dificuldades apresentadas por sua criança nesse momento?", ou: "O que os fez procurar pela terapia para o (a) seu (sua) filho (a) agora (não antes nem depois, contudo especificamente nesse momento)?". Para nós é fundamental entender qual a queixa que move os pais na busca por uma solução. Na sequência, questiono: "Como é que você representaria a questão que acabou de me apresentar sobre a sua criança?", "Se ela (a dificuldade) fosse um animal, uma cor, um objeto, uma textura (dentre outras possibilidades), com o que se parece?"

Perceba que estamos convidando o hemisfério direito do responsável para nos contar como a questão vivenciada pela criança é vista por ele. Compreender esta dimensão nos auxilia, bem como informa ao cuidador como tem se relacionado com o fato. Muitas vezes, essa condução já favorece uma participação mais interessada do responsável, visto que ele se percebe como parte importante do processo.

Outra maneira de conhecer o que os cuidadores estão relatando, seria pedir que nos dessem um exemplo concreto para ilustrar a dificuldade. "Se você pudesse fotografar essa dificuldade agora, que foto apareceria?", ou, ainda: "Existe um evento que possa representar fielmente esta dificuldade que você está relatando?".

No presente, além de buscarmos pela **queixa/tema** em si, precisamos conhecer também os **sintomas** gerados pela dificuldade, além dos **disparadores** ou **gatilhos**. Para acessar os **sintomas** — e eu, particularmente, gosto de pensar no sintoma como um pedido de socorro, temporariamente, ele funcionará como um informante — podemos perguntar:

* O que mais chama a sua atenção quando ele (a) fica assim: é a **postura** dele (a) – se encolhe, parece ficar "maior" do que é, fica alheio, começa a chorar, a gritar, por exemplo?
* São as **expressões faciais**: demonstra medo, raiva, nojo, tristeza, demonstra estar perdido/fica alheio, por exemplo?
* É o **comportamento** dele (a): apresenta tiques nervosos - rói as unhas, arranca o cabelo, apresenta movimentos involuntários

e estereotipados, tem um movimento de agredir a si e/ou aos outros?

* É a relação com o sono: fica agitado, apresenta terror noturno, dorme demais, fica sonolento ao longo do dia?
* É a relação com o alimento: começa a comer pouco/nada ou passa a comer demais, para além da conta?

Em relação aos **disparadores**, podemos questionar: "quando, em que circunstâncias e diante de quais pessoas você percebe que o seu filho reage dessa maneira ou se comporta da forma que você me contou?"

* Ele fica assim diante de alguém em específico: avós, tios, pai/mãe, babá, colegas, irmão(a), dentre outros?
* Em algum lugar em especial: na escola, na casa de alguém, na própria casa e afins?
* Relativamente a alguma situação ou evento específico: diante da chuva, quando precisa sair de casa, quando se sente amea-çado (a), durante o dia/noite, dentre outros?
* Quando ouve algum ruído, sente algum cheiro, come algum alimento em específico?

Sobre o assunto, Gomez esclarece:

> quais situações, eventos ou pessoas disparam este problema ou questão? O que geralmente acontece antes do comportamento problemático ou o que normalmente faz com que a sua criança tenha esses sintomas ou problemas? (GOMEZ, 2014, p. 37).

b. Passado

Uma vez que o cenário atual tenha sido compreendido, é funda-mental transitar pelos eventos anteriores que provavelmente deram origem à história e continuam a alimentá-la. Shapiro (2020) ressalta que considerar a análise dos eventos passados nos possibilita compreender onde e como tudo começou. Sobre o passado, é fundamental verificar quais foram os eventos que originaram a questão atual. De acordo com Shapiro:

> [...] a maioria das patologias [...] são desenvolvidas por experiências anteriores que causaram emoções de "desamparo", de "desesperança" ou qualquer outro sentimento presente no abrangente espectro de emoções que constituem um senso de autonegação e falta de eficácia pessoal. (2020, p. 5).

Neste contexto, deveremos investigar se existem acontecimentos anteriores e quais são eles, ou seja, qual é o evento chave e os eventos adicionais do passado que poderiam responder pelo surgimento e pela continuidade do quadro emocional que está sendo apresentado pela criança. Uma forma eficiente de ajudar os cuidadores a entenderem quais as informações precisamos esclarecer nesse ponto é perguntando, por exemplo: "Se olhássemos essa história usando uma máquina do tempo, em que momentos mais antigos você se lembra do seu filho apresentar esse comportamento ou ter vivido algo parecido?" A partir do que for apurado, deveremos criar uma linha do tempo (GOMEZ, 2014, p. 37), para reprocessar na sequência: o evento mais antigo, ou seja, o evento chave; o pior evento, aquele que foi mais intenso para a criança, e os eventos adicionais do passado, que se referem a outros eventos que, acaso, estejam conectados via redes neuronais, por similaridade, ao evento chave.

c. Futuro

Após registrarmos as informações contidas no presente e no passado, a Projeção para o Futuro será o próximo passo a ser construído na sequência do nosso trabalho. "Para cada situação perturbadora [...], tendo sido realizados tanto o processamento quanto a educação e a modelagem necessárias, uma projeção positiva de futuro necessita ser incorporada [...]" (SHAPIRO, 2020, p. 202).

Ainda na anamnese com os pais, deveremos avaliar como é que eles gostariam que seu filho pudesse viver depois que as questões, que estão causando o comportamento disfuncional, fossem completamente reprocessadas e que vivências adaptativas e positivas fossem alcançadas. Assim, para cada disparador relatado, deve ser feita uma projeção para o futuro.

3. Recebendo a Criança: compreendendo a história na fonte

Há bastante tempo trabalho com a perspectiva de que o melhor especialista em si é o próprio paciente, afinal, as histórias pertencem a ele, trazem o seu jeito conhecido de viver, a sua forma de lidar com o contexto, promovem um *modus operandi*. Com as crianças, acontece desta mesma maneira, elas trazem a história em suas conexões ou desconexões, consigo e com o entorno. Cabe a nós, seus ajudantes, construirmos um caminho viável por onde elas (as histórias) possam chegar.

Compreender a forma como observam o que as acontece, usando suas lentes internas para nos mostrar a sua percepção, é uma das maiores relíquias com as quais já me deparei. Via de regra, não existem atravessadores, elas nos oferecerem a sua visão sobre os fatos com uma clareza imensa e com uma verdade incontestável. É preciso ter olhos de ver e ouvidos de ouvir, ter lentes de terapeuta EMDR para encontrar a senha, o código que dá acesso ao interior do cofre.

Quando estamos trabalhando com esse público, precisamos nos lembrar que sua melhor forma de comunicação é a ludicidade e tudo o que ela oferece. A narrativa feita pela criança costuma surgir na garupa de um alazão, nas asas de uma borboleta, nos cômodos de castelos, nas garras de monstros terríveis, em pesadelos frequentes, em desenhos tagarelas, em bolhas de sabão coloridas e de muitas outras formas, cabe a nós compreendê-las e, assim, decifrá-las. O trabalho de desvendar enredos traumáticos com crianças nos convida, literal e metaforicamente, a entrarmos em seu mundo mágico e encontrarmos as escotilhas possíveis que nos levarão às saídas (sim, podem ser bem mais que uma, pois quem tem um caminho só, não tem para onde ir). Aprendemos essa verdade com o gato em Alice no país das maravilhas, que ao ser perguntado sobre onde era a saída ele responde: "Depende". E quando ela pergunta: "Depende de quê?" Ele ressalta: "Depende de para onde você deseja ir." (CARROLL, 2020).

O terapeuta EMDR, que assume os cuidados com as histórias do seu pequeno paciente, deve ter em mente que precisa ser seu ajudante mais confiável, seu aporte de recursos preciosos, a ponte mais segura entre a dor causada pela escuridão do trauma e a luminosidade possibilitada pela reescrita de uma história que pode ter um final, se não completamente feliz, possível de ser vivido em paz e com segurança.

Principalmente no primeiro encontro com a criança, nosso propósito mais especial é definir uma aliança terapêutica que nos oportunize desfazer nós e construir laços. Será neste contexto que desenvolveremos um enlaçamento pautado na confiança, na segurança e nas possibilidades. Precisamos nos lembrar que a infância é um terreno muito macio e por isso ele deve ser pisado com leveza e afeto para que as marcas possam ser sempre as mais saudáveis, férteis e seguras possíveis. Em virtude desse fato, precisamos nos conectar com a criança na dimensão que ela nos oferece. É importante lembrar que, para pessoas traumatizadas, até recursos podem ser vistos como ameaças. Assim, os primeiros encontros com a criança são momentos de olhar com interesse e curiosidade para saber qual a melhor forma de nos aproximarmos, sem gerar mais danos, oferecendo a nossa presença de maneira amigável e lúdica, no tempo, no ritmo e no jeito do nosso pequeno cliente. Segundo Gomez, "o primeiro encontro com a criança é decisivo e molda o alicerce da aliança terapêutica" (2014, p. 38), ou seja, será aquele encontro o gerador da matriz que dará forma e estrutura ao trabalho que virá depois. O terapeuta que cuida de crianças precisa se conectar com esta na condição que ela nos oferta, aquele é o seu jeito de colaborar. É aí que estará a fisgada que fará toda a diferença no processo.

Certa vez, agendei a primeira sessão para um garotinho de 5 anos que estava sendo trazido para a terapia em virtude de um acontecimento no qual ele havia ficado preso (sozinho) por cerca de 20 minutos no carro do pai, em uma garagem escura. Os familiares haviam subido e ele que gostava de se esconder, fora esquecido dentro do veículo. Abri a porta do consultório para me despedir do paciente que estava comigo e, ao acessar a sala de espera, me deparei com uma criança ágil que ao bater os olhos em mim, se escondeu imediatamente embaixo do sofá. Quando observei, eu estava embaixo do sofá com ele. Ato contínuo, ele deu uma gargalhada, se virou para mim e me disse: "Você é muito maluca mesmo, bem que minha mãe me disse que eu ia gostar de vir aqui trabalhar com você." Nos levantamos, ele se despediu da mãe e demos sequência ao processo terapêutico que já havia começado desde o momento em que recebi os cuidadores.

A primeira sessão com a criança envolve nos apresentarmos e compartilhar com ela sobre o que vamos fazer juntos. Digo a ela: Fulano(a), como você já sabe, sou Jackeline, uma psicóloga. O psicólogo é um ajudante especial que constrói pontes que nos levam para bem longe das coisas ruins que nos aconteceram. Somos uma equipe de trabalho: eu, você, o seu cérebro com suas duas partes poderosas, o meu cérebro com as duas partes poderosas dele, somos, pelo menos, 8 participantes nesse grupo incrível e logo você vai conhecer alguns outros. Aqui nesse nosso espaço, você está seguro e eu não permitirei que nada, nem ninguém te faça mal. Você pode dizer o que quiser, eu estou curiosa para ouvir você. Nossa equipe vai trabalhar com segurança para encontrarmos formas especiais de resolvermos as dificuldades. Sempre que for preciso, vou conversar com seus pais para ensiná-los sobre as melhores maneiras de cuidarem de você de forma protegida e amorosa."

Essa apresentação tem garantido, pelo que tenho visto em meu trabalho, o desenvolvimento de um aporte de confiança e segurança imprescindível para o processo que será realizado. Uma pontuação importante a ser feita aqui, se refere ao fato de que esta forma de abordar tem funcionado como uma excelente estratégia para a maioria das crianças. Contudo, precisamos levar em consideração dois pontos pelo menos.

Um deles se refere à idade da criança que iremos atender: quanto mais nova a criança, mais se faz necessário adequar a linguagem que usaremos, as informações que daremos, assim como, de que maneira tais informações serão oferecidas e como será realizado o processo. Para crianças muito novas, o processo será realizado a partir de outro recorte. Falarei mais sobre isso quando estiver abordando a questão na Fase 4.

O outro ponto é que, e esta informação transcende a questão da faixa etária apenas, precisamos nos atentar para o nível de compreensão da criança e para o nível de trauma que ela vivenciou. Quanto maior a cronicidade do evento (desde quando a história difícil vem ocorrendo?), muito mais deveremos ir nos aproximando devagar, usando muitas estratégias lúdicas, desenvolvendo um ambiente bastante seguro, antes de abordarmos as histórias traumáticas em si.

Nesta fase do processo, vamos averiguar com a criança informações relativas às suas interações com seus cuidadores, irmãos, colegas de escola, terapeutas anteriores, outras figuras emocionais importantes, se for o caso. Compreender como a criança se relaciona com as pessoas mais próximas, agindo ou reagindo de determinada maneira, são informações valiosas que nos contam sobre o tipo de vínculo que ela estabelece com determinada pessoa e como percebe (ou não) com quem pode contar quando for preciso. Na sessão de anamnese vamos fazer, para citar a fala de um paciente de 7 anos, *uma reunião só nossa.*

Como foco importante da etapa em si, vamos verificar com a criança os motivos que a trouxeram para a terapia, compreender como se relaciona com o (s) evento (s) traumático em si, como passou a se comportar depois de sua ocorrência, além de analisar como quer estar, apesar de tudo o que aconteceu. Vamos averiguar, ainda, quais são os seus recursos pessoais e externos, qual é a sua rede de apoio, e compreender quais estratégias utiliza para superar as dificuldades. Neste ponto do processo, já estamos, tanto a criança quanto eu, usando chapéus de Sherlock Holmes, somos detetives poderosos, com lupas em punho buscando pelas pistas. Assim, por meio do lúdico, já iniciamos um levantamento de alvos sem que isso tenha que ser difícil e pesado para a criança outra vez. Fazemos esse levantamento conversando, desenhando, contando histórias, com a criança dentro de uma cabana de proteção, com ela debaixo de uma coberta aconchegante, usando fantoches, olhando as histórias pelas lentes de um binóculo. Enfim, neste momento de coleta de dados, a imaginação e a criatividade do terapeuta já estão a todo vapor. Afinal, é desta forma que o cérebro da criança funciona quando ela não está em perigo e para acessar estes dados, a criança precisa se sentir protegida e segura.

4. Categorias de tipificação de casos

Para que possamos ter uma visão mais ampla em relação ao tipo de caso no qual a criança se enquadra, pelo menos enquanto não tiver reprocessado seus traumas, podemos fazer uso de analogias. Aqui apresentarei uma categorização desenvolvida por Gomez (2014) para ilustrar o fato de que, observar os casos a partir desta ótica nos possibilita criar estratégias de cuidado mais apropriadas para cada criança. O funcionamento em questão visa oferecer ao nosso pequeno paciente a organização de sua história emocional no menor tempo possível, garantindo sua segurança e atendendo às suas necessidades de forma ampla e assertiva.

A metáfora utilizada por Gomez (2014), para se referir à tipologia já citada, diz respeito aos dentes e ao bife. Nesse caso, os dentes são os recursos que a criança possui para mastigar o trauma, ou seja, o bife. Longe de ser uma forma de rotular a criança e o seu processo, a analogia nos proporciona um percentual de assertividade importante no que se refere a como deveremos trabalhar e com qual manejo, para garantir um trabalho zeloso e com o maior índice de resolução possível. Sobre o assunto, ela ressalta:

> Desenvolvi uma tipologia que me permitiu organizar o ambiente clínico de cada cliente, gerando expectativas apropriadas em termos da quantidade de trabalho e tempo necessário para se caminhar ao longo das oito fases da Terapia EMDR. (GOMEZ, 2014, p.21).

Nesse contexto, temos 3 tipos de casos:

a. Tipo 1

As crianças que se enquadram nessa tipologia são aquelas que possuem todos os dentes saudáveis e com funcionamento íntegro. Geralmente, vivenciaram trauma de evento único ou poucos eventos traumáticos, com impacto menos intenso. Via de regra, são oriundas de famílias que possuem boa estruturação emocional e, por este motivo, apresentam um bom repertório recursivo que pode funcionar como amparo, caso necessário. As crianças que atendem às características do Tipo 1, constroem seus laços afetivos sobre uma base segura, o que favorece o desenvolvimento do Apego Seguro. Diante do bife, costumam mastigá-lo de maneira confiante, sem maiores dificuldades, uma vez que eles são macios e não demandam tanto esforço perante dentes fortes.

b. Tipo 2

Geralmente as crianças que fazem parte deste contexto, já vivenciaram várias experiências traumáticas, chegam com vários dentes faltando e com grandes pedaços de bife para serem mastigados. Em geral, vivem em famílias nas quais as disfunções emocionais são mais frequentes, o que impacta de maneira importante na qualidade de sua vida afetiva e na sua habilidade para fazer regulação emocional. As crianças que possuem histórias que as encaixam nas características do Tipo 2, experimentam uma conexão instável com o cuidador, fruto de uma vinculação afetiva baseada em laços emocionais frouxos. Assim, é provável que os tipos de apego mais frequentes nessa categoria sejam o Apego Evitativo e Ambivalente. Talvez tenhamos que cortar os bifes em pedaços menores para que a criança não se engasgue ao tentar mastigá-lo. Diante destas condições, pode ser necessário trabalhar multidisciplinarmente para auxiliar tanto a criança quanto a sua família.

c. Tipo 3

Segundo Gomez, "essas crianças tendem a ser mais difíceis de tratar e de se engajarem na Terapia EMDR, podendo apresentar traumas precoces crônicos e severos." (2014, p. 22). Via de regra, possuem pouquíssimos dentes, quando os têm, apresentando um receio grande de mastigarem os bifes, duros, frios e nada saborosos. O primeiro passo do processo é superarem o medo de comerem o bife, na medida em que vão recebendo os implantes. As famílias das quais fazem parte costumam ser bastante complexas, apresentando intensas oscilações afetivas. O termostato emocional dos cuidadores é descalibrado, sendo eles mesmos originários de famílias com um padrão de vinculação ameaçador e bastante empobrecido. Uma vez que a autorregulação é aprendida, a presença de um modelo afetivo inconstante, com muitos altos e baixos, causa danos severos na capacidade da criança para se autoacalmar. Não é rara a presença de transtornos dissociativos, em virtude de Apego Desorganizado. Nestas condições, o trabalho com a terapia EMDR se torna menos fluido, necessitando de ajustes frequentes no manejo clínico e parceria constante com profissionais de outras áreas da saúde mental.

5. Verificando a prontidão da criança para vivenciar o processo: o exercício dos balões, pescando informações preciosas

Um dos objetivos da Fase 1 é, para além de levantar as rupturas emocionais, conhecer o repertório de recursos da criança para realizar o enfrentamento do trauma e, a partir daí, trabalhar para angariar as forças necessárias para o reprocessamento. O exercício apresentado a seguir, e que foi adaptado por Gomez para o trabalho com o público infantil, tem como propósito compreender com quais recursos nosso pequeno cliente conta, assim como, conhecer como ele enxerga os eventos difíceis que aconteceram em sua vida. Segundo a autora: "Essa estratégia fornece informações a respeito dos disparadores atuais, das experiências adversas passadas e dos recursos." (GOMEZ, 2014, p. 101). O desdobramento desta prática nos oportuniza acessar informações a respeito da quantidade e da qualidade de estratégias recursivas das quais precisaremos para conduzirmos o processo terapêutico.

Para desenvolver esta atividade, vamos precisar de balões de cores distintas. No primeiro balão, o terapeuta e a criança representarão as dificuldades atuais (disparadores) e os eventos passados que causam pressão emocional (o terapeuta pode, dependendo da complexidade dos eventos vivenciados pela criança, usar um balão para os gatilhos e outro para os eventos do passado). Já no segundo, serão representados os recursos que a criança acredita ter para enfrentar os desafios levantados, além da sua habilidade para utilizá-los, de maneira autônoma, nas situações desafiadoras que geram sofrimento. Na sequência, o terapeuta orienta a criança a escolher qual dos balões representará os desafios e qual informará sobre as suas forças. Vamos começar pelo balão das dificuldades, pedindo que ela pense no que incomoda agora e naquelas coisas do dia difícil (pode ser flexibilizado como orientado acima). Depois, vamos orientá-la a perceber o quanto tudo isso incomoda no coração e o quanto deixa o seu corpo desconfortável. A seguir, solicitamos que a criança por si mesma, ou com a ajuda do terapeuta, encha o balão até que ele fique do tamanho com o qual ela quer representar a dificuldade: pequeno, médio ou grande? Isso feito, pedimos para a criança escrever ou desenhar no balão (o terapeuta pode fazer isso por ela) as coisas do dia triste. Prosseguindo com a nossa pescaria, agora é hora de conhecer as informações do segundo balão, que representa as forças recursivas trazidas pela criança. Da mesma maneira como fizemos anteriormente, agora vamos pedir para a criança pensar no que é bom e no que dá certo. Solicitamos que ela pense no que faz ou no que outras pessoas fazem que a ajuda a se sentir bem, aconchegada, protegida, amada e forte diante daquelas coisas que a deixam triste, com medo, assustada ou com pensamentos confusos e chatos. Prosseguindo, pedimos ao clientinho que perceba o tamanho que terá o balão que representa as suas forças e o assopre (ou nos peça para fazê-lo). Que tamanho têm os seus recursos: eles são pequenos, médios ou grandes? Depois, ele escreverá ou desenhará suas forças nesse balão (GOMEZ, 2014).

Complementei a atividade descrita esvaziando o balão com as coisas difíceis dentro de um pote (ou uma caixa, caso você prefira) que chamei de *pote da digestão* e digo para a criança que aquele conteúdo ficará ali sendo transformado até o nosso próximo encontro. A ideia neste caso, é permitir que a criança perceba que existem alternativas para lidar com a dificuldade, que ela tem com quem contar já na primeira sessão, que poderá enfrentar aquela história difícil em parceria. Ademais, uma vez que o conteúdo ficará no pote da digestão sendo, literalmente, digerido por um *biodigestor* (conto para a criança que o seu cérebro vai trabalhar aquele conteúdo enquanto ela segue com a sua vida, usando para isso um recurso poderoso: um *biodigestor* e digo para ela do que se trata esse equipamento), ela poderá, naturalmente, ir ficando mais regulada, visto que o que incomoda estará blindado em um compartimento fora dela. Seguindo com o trabalho, antes do final da sessão, brincamos um pouco com o balão dos recursos. Neste momento, todo o conteúdo positivo e divertido que surgir, será instalado como uma salvaguarda extra, somada ao que já se encontra dentro do balão. Na sequência, esvazio o seu conteúdo dentro do *pote da força*. Este (o conteúdo) passará a representar mais um suporte no seu repertório de respostas, servindo como um escudo a mais que poderá lhe oferecer proteção em momentos de necessidade. Outro ponto importante se refere ao fato de a criança poder usar, em outras sessões, o conteúdo do *pote da força* como um esteio a mais, se for necessário. Por exemplo, o mesmo poderá ser usado para fechar uma sessão.

Como é possível perceber, tal exercício, para além de funcionar como um excelente instrumento diagnóstico para nós EMDRistas, oferece para a criança uma dimensão lúdica e por isso mais suave, de suas histórias pesadas.

Após ter sido levantada a história disfuncional, os desdobramentos relativos a ela e os recursos com os quais a criança conta, o terapeuta EMDR fará a Conceituação de Caso e desenvolverá o Plano de Tratamento. Sobre o assunto Gomez afirma:

> A forma como a fase de preparação e todas as demais etapas de reprocessamento são organizadas e alinhadas para cada caso específico é, em última análise, baseada nas informações colhidas durante a fase inicial da Terapia EMDR (2014, p.40).

Será a partir dessa estruturação que se desenhará o curso do tratamento, pois precisamos ter um mapa para caminharmos no território emocional do nosso pequeno cliente. Com essa bússola em mãos e com o seu norte geográfico bem definido, cerca de 50% do processo terapêutico já estará bem alicerçado, vamos seguir em busca dos melhores resultados e nos encontrar com as cenas dos próximos capítulos.

B. Fase 2 — Preparação: criando os escudos de proteção

Cada fase da terapia EMDR tem vida própria, possui uma estruturação bem-organizada que fornece para aquele momento específico e para o que virá, as condições necessárias para o desenvolvimento de um trabalho próspero e salutar. Nesta terapia, cada palavra foi pensada, cada conexão foi construída de forma a garantir resultados para a fase na qual o terapeuta EMDR está trabalhando, bem como consolida o próximo passo em direção a um terreno firme e promissor. Assim, depois que toda a informação relativa à criança e à sua história de vida ter sido apurada, é hora de produzir alicerce suficiente para que as condições necessárias no enfrentamento das histórias traumáticas sejam produzidas.

Relativamente à Fase 2, Shapiro esclarece que ela "envolve o estabelecimento de uma aliança terapêutica, explicando ao cliente o processo do EMDR e seus efeitos, abordando as preocupações deste e iniciando procedimentos de relaxamento e segurança." (2020, p. 66). Como não se pode ir para o front sem que se esteja vestido e equipado adequadamente, utilizando roupa camuflada, capacete, colete à prova de bala, binóculo e todo o aparato exigido para se enfrentar a condição adversa, o terapeuta EMDR precisa construir com a criança as *armas* necessárias para o enfrentamento que virá.

1. O sistema lúdico

Conforme destacado anteriormente, as estratégias lúdicas precisam estar presentes ao longo do trabalho com a criança. Na medida em que as crianças brincam, ocorre a formação de novas conexões neurais, que favoreçam a capacidade de interação emocional mais bem estruturada e, portanto, mais saudável. Estudos em neurociência emocional dão provas de que o brincar funciona como um agente de cura. De acordo com Nogueira (informação verbal)[3], Panksepp[4] sugere que o brincar é um dos sete sistemas emocionais inatos no mesencéfalo.

De acordo com ela, por meio dos seus experimentos, Panksepp observou que ratos adoravam brincadeiras brutas e produziam um som distinto, um tipo de chiado, ao qual chamou de *riso de rato*. Revelou que tais risadas eram moduladas por endorfina. Pontuou que depois de brigas brutas, os ratos mostram níveis aumentados de fator neurotrófico derivado do cérebro (BDNF) em seus cérebros. O BDNF é um membro da família de fatores de crescimento de neurotrofina que atua para apoiar a sobrevivência dos neurônios existentes e incentivar o crescimento e a diferenciação de novos neurônios e sinapses. A brincadeira estimulava a produção de BDNF na amígdala, córtex frontal dorsolateral, hipocampo e ponte. Segundo Panksepp, a principal função adaptativa da brincadeira pode ser a geração de estados emocionais positivos. Neste estado, os animais podem estar mais dispostos e com mais probabilidade de se comportarem de maneiras flexíveis e criativas.

As crianças aprendem por meio das brincadeiras. Cutucar, tocar ou brincar de luta seriam atividades normais da criança em crescimento. Concluiu que o riso é um direito psicológico de nascença do cérebro humano. Brincadeira e estresse estão intimamente ligados. Altas quantidades de brincadeira estão associadas a baixos níveis de cortisol, sugerindo que a brincadeira reduz o estresse ou que os animais sem estresse brincam mais.

---

[3] Fala de Dra. Regina Lúcia Nogueira, PhD, durante a Live: Quem Matou Odete Roitman? em 25 de maio, 2020.

[4] Neurocientista que cunhou o termo "neurociência afetiva" e que evidenciou a existência de 7 circuitos afetivos, dentre eles o do Brincar.

A brincadeira também ativa a noradrenalina, o que facilita o aprendizado nas sinapses e melhora a plasticidade do cérebro. A brincadeira, especialmente quando acompanhada de cuidados, pode afetar indiretamente o funcionamento do cérebro, modulando ou amortecendo a adversidade e reduzindo o estresse tóxico a níveis mais compatíveis com o enfrentamento e a resiliência.

Panksepp afirmou que esse funcionamento próspero, oportunizado pelas brincadeiras de contato, *fertiliza o cérebro* (NOGUEIRA, 2020, informação verbal). Assim, o brincar será a linha com qual costuraremos o tecido emocional dos nossos pequenos clientes, favorecendo o desenvolvimento de redes neurais funcionais e a reconexão com redes positivas de memória, imprescindíveis à consolidação e à manutenção de uma vida afetiva saudável e estruturada.

2. Preparando a criança para compreender o trabalho: conversando sobre traumas

Para possibilitar o desenvolvimento do trabalho de reprocessamento que será realizado, faz parte da preparação conversar com a criança sobre o que são os traumas. Para isto, o uso de metáforas é bastante recomendado visto que elas são o alimento do hemisfério direito onde mora a imaginação, a criatividade, a conexão com o mundo mágico da criança e, portanto, com as possibilidades.

Existem diversos recursos metafóricos que podem ser utilizados nesta parte da terapia. O fundamental é estar atento à importância de oferecer à criança explicações adequadas para a sua faixa etária e para o seu nível de compreensão. É preciso criar recursos que sejam úteis e funcionais para cada criança e para o seu processo. Shapiro (2020) já havia nos alertado para o fato de que cada um de nós é único e, por conseguinte, únicas também são as nossas redes de memória.

Uma das minhas metáforas favoritas é a que se refere às situações difíceis pelas quais passamos como uma mochila lotada de coisas misturadas (GOMEZ, 2014, p. 50). O objetivo aqui é ensinar para a criança que quando vivemos coisas ruins, nosso cérebro fica tão sobrecarregado que não sobra espaço para nos lembrarmos das coisas boas, divertidas e felizes.

Na nossa mochila não cabe mais a risada e muito menos os nossos brinquedos favoritos. Parece que começamos a carregar um pacote muito pesado, cheinho de emoções, sensações e pensamentos misturados, bagunçados. Assim, ficamos muito cansados e tudo perde a graça.

Outra metáfora que me agrada bastante, e que funciona muito bem com crianças maiores, é a do cérebro como um computador. Começo contando para a criança que o nosso cérebro tem um sistema de funcionamento muito parecido com o de um computador. Digo que ele tem uma placa mãe, que é a central que permite que todas as conexões sejam feitas para que nós possamos ter os nossos sistemas operacionais (pensamentos, emoções e sensações) funcionando de maneira saudável. Mas que, muitas vezes, este mecanismo é invadido por vírus que corrompe o sistema central e causa um estrago enorme. Esse processo prejudica o armazenamento dos arquivos que contém nossas memórias saudáveis e passamos a funcionar controlados por comandos que nos fazem agir de maneiras muito diferentes daquelas que gostaríamos de verdade. Neste ponto, podemos dar exemplos sobre a forma disfuncional por meio da qual a criança está atuando, em virtude dos eventos traumáticos (GOMEZ, 2014, p. 51).

3. Ensinando à criança sobre a terapia EMDR: aprendendo a falar em EMDRês

Agora que a criança já compreendeu o que são as experiências ruins e o que elas causam, vamos passar para a apresentação da terapia EMDR. Para tanto, vamos utilizar as metáforas já aprendidas pela criança para introduzir do que se trata, precisamente, o EMDR. Podemos dizer que existe uma ferramenta muito especial chamada EMDR que é capaz de permitir que a nossa poderosa equipe de trabalho tire aquela mochila pesada das costas e a organize para que nela caibam as coisas boas e felizes que tinham ficado do lado de fora. De outra maneira, usando a metáfora do cérebro como um computador, podemos informar que o vírus que entra e corrompe o sistema é o trauma (ou as coisas ruins que aconteceram) e que a terapia EMDR é o antivírus que vai vacinar nosso computador e permitir que todo funcionamento volte a ser saudável outra vez.

Outro recurso valiosíssimo é o livro *Dia ruim ... vá embora!* de autoria de Gomez (2008), assim como os livros virtuais de mesma autoria: *A história da ostra e da borboleta: o Coronavírus e eu* (2020) e *Minha caixa de recursos para o Coronavírus* (2020). Os dois últimos foram traduzidos por mim, em 2020, e oferecem um recorte bem apropriado sobre a terapia EMDR, favorecendo sobremaneira a compreensão da criança e o trabalho do terapeuta.

Como pontuado no início, quando trabalhamos com o público infantil, a criatividade será sempre nossa ferramenta mais importante. Assim, estamos criando possibilidades de interagir com a criança, na perspectiva lúdica, para trabalhar todas as 8 fases que compõem a terapia EMDR, bem como, para esclarecer do que se trata essa terapia e como ela funciona.

Nesta perspectiva, seguindo com a explicação sobre o EMDR, utilizo meu fiel escudeiro o Dr. Sara Cura® e seus 3 ajudantes: um fantoche do cérebro que conta para as crianças quem ele é, como ele funciona, o que ocorre dentro dele quando dias ruins acontecem e como o EMDR arruma a bagunça que o dia ruim aprontou.

Outra possibilidade que gosto de usar com o objetivo de ensinar para a criança sobre a terapia EMDR, e o que ela pode fazer pelo nosso cérebro quando coisas difíceis nos acontecem, diz respeito aos mosqueteiros: Jajaca, o jacaré; Alfredo, o cachorrinho e Máquina, o pequeno computador. Com a ajuda deste trio, fica fácil entender como o cérebro reptiliano (basal), o mamífero (cérebro emocional) e o cognitivo (neocórtex) funcionam na presença de um trauma e como a terapia EMDR pode arrumar toda essa confusão.

4. O Processamento Adaptativo de Informação (PAI): a chave que religa o trem do reprocessamento

O processamento adaptativo de informação (PAI) é a base que estrutura todo o funcionamento da terapia EMDR. De acordo com o modelo do PAI, as redes de memória (substrato para o senso de "Eu", para os nossos pensamentos, percepções, emoções, comportamentos e interação social) são o aspecto principal tanto da saúde quanto da patologia (SHAPIRO, 2020, p. 38). Neste contexto, o PAI se refere à maneira como as informações são processadas e armazenadas em redes de memória.

"Quando crianças enfrentam maus-tratos, abandono, rejeição, negligência e abuso, essas experiências deixam suas marcas no cérebro na forma de redes cerebrais.", afirma Gomez (2014, p.2). Como já se sabe, as memórias traumáticas são estáticas, não recebem atualização, ficam gravadas no formato de aprendizagem dependente de estado. A partir desta configuração, a criança passa a olhar o seu entorno com os óculos do trauma e será justamente por meio da reativação do funcionamento do PAI, que o trem do reprocessamento voltará a deslizar pelos trilhos outra vez.

Para ensinar às crianças do que se trata o PAI (o poderoso ajudante incrível), coloco em ação o Dr. Sara Cura e o seu companheiro, o trenzinho. Este último, apresenta para o pequeno paciente o funcionamento da terapia EMDR e ensina quem é, no nosso trabalho, o PAI (a chave que religa o trem), o trem (o reprocessamento), o maquinista (o cérebro), os trilhos (o funcionamento saudável do cérebro), o passageiro (a própria criança) e a estação da cura (a resolução do trauma). A atividade em si, envolve colocar um trenzinho para funcionar, com o Dr. Sara Cura narrando o que acontece com o processamento quando o trauma entra no circuito. Na sequência, o Dr. Sara Cura ensina como o reprocessamento volta ao funcionamento natural quando a terapia EMDR entra no percurso.

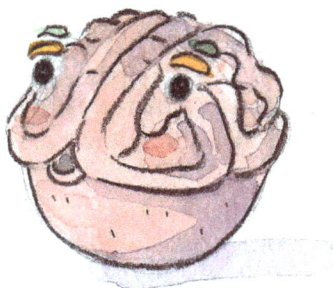

5. Ensinando sobre o Sinal de Pare

Muitas vezes, durante o reprocessamento, os clientes se sentem sobrecarregados, impactados demais e com as crianças isso também pode acontecer. Em tais momentos, é importante parar, ajudar o paciente a se reestruturar e, caso possível, continuar reprocessando. O custo-benefício mais importante da terapia EMDR é, apesar de algumas vezes vivenciarmos os aspectos difíceis trazidos pelas lembranças traumáticas, continuarmos com o trabalho para que o cérebro possa fazer a digestão do que foi armazenado disfuncionalmente. Entretanto, se tal acesso se tornar intenso demais, o cliente precisa saber que ele tem o direito de pedir para parar. Pedir para parar não significa que a criança não seja corajosa, somente, que ela tem um limite e que isto é saudável. Ela precisa saber disto e é papel do seu terapeuta informá-la.

É importante nos lembrarmos que, durante os eventos traumáticos, a pessoa não teve o seu limite respeitado, ele foi invadido. Por isto, quando apresentamos o sinal de Pare para a criança e ensinamos quando é que ele poderá ser usado, se ela precisar utilizá-lo, paramos imediatamente. O lema é: acatamos prontamente e depois verificamos o que houve e se é possível continuar.

Com o intuito de assegurar esse direito e sua efetivação, tenho ensinado para a criança que ela pode levantar a sua mão, pedir verbalmente para parar, fechar os olhos (se estivermos fazendo a estimulação visual), fazer uso da minha mãozinha de borracha ou utilizar placas que sinalizam essa opção. Independente da estratégia que ela escolher, o importante é deixar claro quando esse sinal deverá ser usado, do contrário, a cada vez que a criança acessar o material mal-adaptativo, ela pedirá para parar.

6. Metáforas

Para crianças mais velhas, o uso da metáfora é tanto possível quanto necessário. Quando a metáfora é utilizada durante o reprocessamento, ela permite a criação de um distanciamento saudável entre o cliente e a história difícil que está sendo reprocessada. Por esse motivo, tal recurso oferece segurança, mantendo o cliente dentro da Janela de Tolerância, garantindo sua estabilidade emocional e permitindo que o reprocessamento continue.

Além das metáforas que utilizamos com os adultos, a do trem ou do ônibus, assim como a do filme que é projetado na tela do cinema ou da televisão, me deparei com outras possibilidades trazidas pelas próprias crianças como, por exemplo, a do avião ou a do drone, que podem sobrevoar a história e deixá-la para trás. Certa vez, uma criança escolheu imaginar que uma câmera filmava o que havia lhe acontecido e ia se distanciando da história, deixando tudo aquilo para trás, distante dela, enquanto seguíamos viajando no trem do reprocessamento.

Assim, independente da metáfora utilizada, o que precisa ser garantido, caso o conteúdo em reprocessamento fique muito intenso e se torne insuportável para a criança, é o seu afastamento temporário da história, garantindo que ela permaneça dentro da sua Janela de Tolerância para então, continuar reprocessando. Um ponto muito importante nesse contexto, é ter em mente que a utilização da metáfora (se necessário), oportuniza o afastamento do paciente em relação ao ponto crítico da história disfuncional, favorecendo a continuidade do processo (desde que seja possível), que é o nosso foco no trabalho que está sendo realizado com o paciente.

7. Barcos que se cruzam

A terapia EMDR possui um funcionamento particular. Ensinar sobre ele para as crianças, além de imprimir graça e leveza ao trabalho, possibilita que elas se tornem participantes ativas de todo o processo. Manter o seu sistema lúdico atuante, nos permite lidar com os aspectos mal-adaptativos do trauma com menor ou quase nenhuma carga de estresse, favorecendo um trabalho que acolhe e inspira, na maior parte do tempo.

Para ensinar sobre como ficarão nossas cadeiras durante a sessão de terapia, eu explico que vamos nos posicionar como barcos que precisam seguir sua viagem em segurança, sem se chocarem. De posse dos nossos chapéus de capitães, posicionamos as cadeiras próximas, contudo deslocadas, enquanto imaginamos que estamos navegando com nossos barcos pelo mar do reprocessamento.

A função desta posição visa garantir que fiquemos fora do campo visual do nosso paciente, tanto para não prejudicar o seu reprocessamento quanto para não sermos fisgados pelos movimentos bilaterais (MBs) que estamos utilizando com ele.

8. Apresentando os ajudantes da terapia EMDR e ensinando sobre os Movimentos Bilaterais para a criança

No desenvolvimento do trabalho de preparação, apresento os meus ajudantes para a criança antes de ensinar sobre os MBs. O objetivo deste passo se refere ao ganho de já poder demonstrá-los (MBs) com a participação deste recurso (os ajudantes). Entra em cena nesse momento o grupo mais fofo e poderoso do planeta: fantoches, dedoches, bonecas russas, bonecas vietnamitas, miniaturas, bichos de pelúcia e uma variedade de outros brinquedos. A criança, além de já se familiarizar com estes recursos, se depara com a realidade de que fará o seu processo acompanhada por um time de ajudantes. Esta realidade faz toda a diferença.

Para que seja possível realizar o reprocessamento, após acessarmos o alvo, precisaremos movê-lo na direção de uma resolução saudável. Esta operação em si, só é possível quando, após abrirmos a *Caixa de Pandora* (mais informações a seguir) de um determinado alvo, começarmos a utilizar os movimentos bilaterais. São eles que nos permitem colocar o pé no acelerador do reprocessamento após darmos a partida no motor de arranque.

Para apresentar os movimentos oculares à criança, podemos usar dedoches, fantoches, miniaturas de animais, de personagens, lápis com formas variadas, bichos de pelúcia, matrioscas, varinhas mágicas, dentre outros. Quando apresento os movimentos oculares ao meu pequeno paciente, informo que para fazer esta terapia, ter nariz é muito importante. Depois continuo dizendo que quando eu parar o movimento e fechar as minhas mãos bem na frente do seu nariz, significa que terminamos daquela vez, até continuarmos de novo.

No que se refere aos movimentos auditivos, o uso de fones de ouvido com músicas bilateralizadas, de canetas que fazem click ou o estalar de dedos ao lado dos ouvidos da criança, são alguns exemplos que funcionam muito bem e os pequenos adoram.

Em relação aos movimentos táteis, tocar as mãos ou os joelhos da criança com pincéis macios, penas, bolas de algodão coloridas e pompons suaves, são recursos valiosos. Outras possibilidades como o abraço da borboleta, do King Kong ou marchar como um soldado nos permite mostrar à criança quais movimentos táteis podem ser feitos durante o reprocessamento. Além disto, a criança pode utilizar uma bolinha ou massinha, por exemplo, para jogá-la entre uma mão e outra e fazer a estimulação tátil.

Relativamente ao contexto online, além das estratégias relacionadas acima, o terapeuta pode usar sua criatividade para gravar vídeos curtos utilizando fantoches, dedoches, brinquedos diversos para demonstrarem à criança como fazer os MBs. Ademais, o cuidador pode ser orientado a fazê-los pelo terapeuta.

9. Lugar Seguro/Tranquilo

Shapiro se refere a este recurso como um oásis emocional que pode ser utilizado pelo cliente "[...] como auxílio para diminuir a perturbação, de modo a finalizar a sessão ou como uma maneira de lidar com o conteúdo perturbador que possa surgir entre as sessões." (2020, p. 117). Nesse sentido, vamos desenvolver com a criança estratégias de contenção e acolhimento que permitirão a ela fazer mudança de estado, funcionando como um porto seguro acolhedor, um bálsamo para a alma.

Existem várias possibilidades quando o assunto é o Lugar Seguro/ Tranquilo ou uma condição de segurança. Tem sido muito comum em minha prática, construir com a criança, por meio do desenho, um recurso de proteção que pode ser um lugar em si, um super-herói, um anjo, dentre muitos outros. É importante esclarecer que este recurso deverá oferecer a ela segurança, acolhimento, aconchego e proteção. Já vi surgirem castelos, reinos encantados, animais mágicos, anjinhos, meninas superpoderosas, super-heróis e toda a sorte de possibilidades que ilustraram como é que a criança se imaginava sendo, e permanecendo, protegida. Após a criação do referido recurso, o mesmo deverá ser instalado seguindo todos os passos relativos ao procedimento do Lugar Seguro/Tranquilo.

Para este trabalho conjunto, lápis de cor, giz de cera, cola colorida, glitter, tinta guache, tinta que brilha no escuro, lantejoulas, fitas de diversas cores, papel branco e colorido, papel manilha, canetinhas, adesivos e uma variedade de outras relíquias, podem ser usadas para criar o Lugar Seguro/Tranquilo. Assim que o recurso fica pronto, faço um combinado com o pequeno artista que o desenvolveu: fotografamos sua obra de arte, enviamos para o celular do cuidador e solicitamos a ele que faça uma impressão em tamanho original e uma redução. Em relação à impressão, peço ao pai que junto com a criança, crie um quadro ou um porta-retratos que deverá ser colocado em seu quarto, em local visível e acessível para que ela o manuseie se precisar se sentir segura e confortável

Desenhos de autoria dos pacientes representando o Lugar Seguro/ Tranquilo e a condição de segurança.

diante de alguma situação. No que se refere à redução, essa vai funcionar como um recurso extra, um amuleto de proteção, que poderá ser levado pela criança por onde ela for. Espaços como a mochila, bolsa, carteira, merendeira, o bolso da roupa, por exemplo, são ótimos lugares para levá-lo. O desenho funcionará como uma âncora para acessar e reforçar estados emocionais positivos.

10. Recursos adicionais para realizar a mudança de estado

Um dos objetivos mais importantes da Fase 2, refere-se a ensinar para a criança que ela pode contar com recursos que a permitam sair de um estado turbulento, assustador, paralisante, para um estado de tranquilidade e proteção.

Conforme apontam diversos estudos, a autorregulação precisa de um modelo para se desenvolver. Segundo Gomes, "como o bebê ou a criança percebe o sistema de engajamento social dos seus cuidadores é de importância crucial na maneira como as percepções internas do eu, do outro e do mundo são formadas." (2014, p. 8). O bebê - ser humano 100% dependente do cuidado do outro - carece, desde os seus primeiros segundos fora da barriga da mãe, de um cuidador que ofereça a ele as condições básicas para sobreviver. O choro, as expressões faciais são meios pelos quais, instintivamente, demanda suas condições de sobrevivência, sendo que o acolhimento e o aconchego, tão necessários para gerar a regulação afetiva, devem estar presentes no que se oferta ao bebê.

Quando a criança nasce, seu *termostato* interno, ou seja, sua habilidade para lidar emocionalmente com o mundo que a cerca, está *in natura*, precisa receber informações que calibrem seu funcionamento saudável e organizado. Muitas vezes, o termostato do cuidador principal funciona de maneira instável, com muitos altos e baixos, em virtude de uma avaria na sua regulação afetiva, causada por sua própria história traumática. Assim, nem sempre, apenas o Lugar Seguro/Tranquilo é suficiente para que a criança volte para a sua Janela de Tolerância.

Nestas situações, nas quais as crianças apresentam histórias compatíveis com os casos Tipo 2 ou 3 (conforme descrito nas Categorias de Tipificação de Casos), talvez não exista um lugar seguro devido às constantes flutuações de humor do cuidador. Em casos como estes, o terapeuta EMDR precisa recursá-las de outras maneiras, oferecendo a possibilidade de contar com outras estratégias.

11. Jogando e instalando recursos simultaneamente

Uma maneira promissora de trabalharmos a instalação de recursos é por meio de jogos e brincadeiras. Enquanto a criança estiver engajada numa atividade lúdica, por exemplo, um jogo de tabuleiro, de cartas ou qualquer outra brincadeira que a mantenha conectada com estados emocionais positivos: amarelinha, brincadeira com balões, adoleta, jogo da velha, vamos pedir que ela vá relatando as emoções e as sensações especiais que está experimentando, onde as percebe em seu corpo e então, iniciamos a instalação desses recursos com os MBs. Para as crianças mais novas, essa dinâmica é bastante promissora. No caso de crianças mais velhas, com mais capacidade para acompanhar um passo a passo (o terapeuta deve verificar sua habilidade para compreender instruções) podemos trabalhar com o roteiro de instalação do Lugar Seguro/Tranquilo, usando a palavra-chave, com o autoacesso, com o acesso mediante uma pequena perturbação e em seguida, solicitamos que a criança acesse o recurso por si. O objetivo deste manejo, além de instalar a condição de segurança, claro, é verificar se a criança consegue utilizá-la autonomamente para fazer a mudança de estado emocional e se ajustar dentro da Janela de Tolerância.

12. O Protocolo Flash e o sistema lúdico
Com a colaboração de Fátima Azevedo Ignácio

O Flash[5] é um protocolo de instalação de recursos desenvolvido por Philip Manfield [6] e que tem como objetivo reduzir a intensidade de lembranças perturbadoras por meio do processo de dessensibilização. O seu uso possibilita, via de regra, de maneira rápida e próspera, a redução do impacto emocional, permitindo que a criança experimente estados de relaxamento e calma. Com o público infantil, venho utilizando este protocolo com resultados efetivos e muito especiais. É importante esclarecer que ele possui uma estruturação específica, que possibilita o seu manejo de forma adequada.

Na obra Terapia EMDR e Abordagens Auxiliares com Crianças, Gomez menciona uma pesquisa com assassinos no Texas, a qual demonstrou que estes não tinham lembrança da presença da brincadeira em suas vidas (BROWN apud GOMEZ, 2014, p. 6). Pesquisas realizadas com gatos e ratos, citadas por Gomez no mesmo livro mencionado acima, demonstraram que, na presença do medo, a brincadeira cessa. De acordo com Panksepp "o lúdico é inibido por exposição [...] às emoções negativas, incluindo, solidão, raiva e medo." (PANKSEPP apud GOMEZ, 2014, p. 5). A função mais importante do cérebro é garantir "nossa sobrevivência, mesmo nas condições mais difíceis. Tudo o mais é secundário.", afirma van der Kolk (2020, p. 67).

Diante do exposto, ao que tudo indica, o sistema lúdico é desligado diante de experiências ameaçadoras e adversas, na medida em que ele (o cérebro) precisa estar atento aos riscos para a vida.

---

[5] Para maiores informações, consulte o site: *www.traumaclinicbrasil*.com.br
[6] Philip Manfield, Ph.D., é terapeuta, supervisor e treinador de terapeutas EMDR, além de autor de livros sobre a terapia EMDR e processamento de trauma.

Assim, oferecer à criança recursos para que o seu sistema lúdico se mantenha funcional, favorece o bom funcionamento do sistema de engajamento social, colaborando para a regulação afetiva e oportunizando o trabalho de reprocessamento do trauma.

Gomez afirma: "Brincar pode facilitar imensamente a conexão e o senso de segurança que a criança experimenta com o terapeuta durante as sessões de EMDR." (2014, p. 87-88.)

Durante o trabalho com o protocolo Flash, após colocarmos o evento perturbador em um container poderoso e ligarmos os alarmes sonoro, luminoso e vibratório (esta é uma adaptação que incluí para trabalhar com as crianças), estabelecemos o recurso de engajamento que será utilizado pelo paciente. A partir de então, vamos seguir a estrutura do protocolo e na sequência, ensino que vou dizer a palavra flash e ela vai piscar os seus olhos como se estivesse tirando uma foto da coisa boa que quer fortalecer, depois vou dizer a palavra careta para que ela faça a mais engraçada que conhece. Assim, a cada série de flashs, a criança fortalece o recurso que está sendo instalado (por meio de séries curtas de movimentos lentos) e acessa o seu sistema lúdico por meio da diversão oferecida pela careta divertida. O mesmo pode ser feito durante uma atividade agradável que esteja sendo realizada pela criança, como um jogo, a criação de um desenho, dentre muitas outras possibilidades. Durante certos momentos, o terapeuta pode dizer flash e careta ajudando o seu pequeno cliente a se reconectar com o recurso de engajamento já instalado. Outra possibilidade é instruir o cuidador a repetir esse exercício em casa, seguindo o roteiro que foi orientado pelo terapeuta, durante atividades prazerosas para a criança.

13. Protocolos de Desenvolvimento e Instalação de Recursos (DIR) e Pilares da Vida

Outros dois recursos valiosos que tenho usado com as crianças, antes de iniciarmos o reprocessamento, são os protocolos DIR[7] e Pilares da Vida[8].

O DIR é um protocolo de recursos que visa oferecer ao paciente uma força extra quando seu repertório de respostas positivas se mostrar escasso.

A estruturação do DIR nos permite trabalhar com 3 categorias de recursos que contemplam os domínios de experiência a seguir: Maestria, Relacional e Simbólico, que poderão ser instalados na medida em que a criança necessitar se tornar mais fortalecida para enfrentar determinadas dificuldades. Como o objetivo de toda estratégia recursiva na terapia EMDR é aumentar o acesso às redes positivas de memória, favorecer a mudança de estado, ampliar a Janela de Tolerância do paciente, assim como, aumentar sua capacidade de autorregulação, os recursos adequados para o DIR incluem alegria, competência, confiança, assertividade, postura de enfrentamento saudável, dentre outros. O protocolo DIR possui um roteiro específico por meio do qual o terapeuta EMDR segue um passo a passo até que o recursos sejam instalados por completo.

Os Pilares da Vida são um protocolo de recurso bastante útil no trabalho com as crianças. Possibilitam construir bases onde parecia não haver estrutura para se manter de pé. Assim como uma coluna necessita possuir bom suporte, visando a sustentação de uma construção sólida, o pilar, imprescindivelmente, precisa ser forte, sem avarias nem trincas. Por isto, se refere, sempre, a estados emocionais positivos gerados por experiências saudáveis

---

[7]   Cf. Manual de EMDR – EMDR Treinamento e Consultoria (2019)

[8]   Cf. Manual de EMDR – EMDR Treinamento e Consultoria (2019) e Informações no site: *www.traumaclinicbrasil.com.br*

de acolhimento, reconhecimento, bem querer, alegria, histórias que deram certo, que sustentam e permitem viver amparadamente. Da mesma maneira como no DIR, existe um roteiro exclusivo para instalar os pilares, abrangendo uma sequência a partir de um ICES positivo, somado a um conselho ou mensagem deixado pelo pilar específico que será instalado. A partir desta dinâmica, um após o outro, os pilares serão instalados com séries curtas e lentas de MBs.

Quaisquer destes são desenvolvidos com facilidade, desenvoltura e muita criatividade pelo pequeno cliente. Dependendo da idade da criança, a adequação da linguagem precisará ser considerada.

A seguir, apresento dois exemplos de tais recursos construídos por duas crianças.

Acima, um exemplo de Pilares da Vida. À esquerda, a coruja representa o DIR – Recurso Simbólico.

Desenhos de autoria de pacientes. Reprodução autorizada pelo responsável.

14. A respiração como recurso

Ensinar para a criança a riqueza que existe em usar a respiração como um recurso, é uma estratégia valiosa. Sempre digo aos meus pequenos pacientes que respirar é a primeira coisa que fazemos quando nascemos e que isso é uma prova de que somos muito habilidosos, muito poderosos e especiais desde muito novinhos. Falo ainda, que quando respiramos tranquilamente, podemos nos sentir bem e felizes.

Na sequência, apresento algumas respirações divertidas que poderão se tornar um mantra para a criança. Mudar de estado utilizando a respiração é um dos aportes de recurso mais eficazes que conheço, na medida em que a própria criança pode controlá-la, o que gera empoderamento.

a. *A respiração da Serpente*

- Devemos pedir para a criança se assentar de maneira ereta em uma cadeira.
- A seguir ela deverá colocar suas mãos sobre a barriga e, na sequência, vai puxar o ar pelo nariz e contar até 4 enquanto percebe a barriguinha se expandir.
- Depois vai soltar o ar fazendo barulho de serpente (sibilando).

b. *A respiração do Elefante*

- Para tornar esse exercício mais atrativo, vamos dizer à criança que agora ela vai se tornar um elefante e que vai aprender a respirar como ele.
- Vamos pedir para a criança ficar de pé e afastar um pouco as suas pernas. Ela vai juntar os braços, para simular a tromba do elefante,
- À medida em que ela for inspirando profundamente pelo nariz, vai levantar os braços como se eles fossem a tromba do elefante.
- A seguir, ela vai expirar, soltando o ar pela boca, fazendo barulho de mar e abaixando seus braços enquanto se inclinam um pouquinho e ao mesmo tempo em que abaixam a tromba do elefante.

c. *A respiração do Balão*

* Para fazer este exercício, vamos pedir que a criança se assente de maneira confortável em uma cadeira, mantendo as suas costas retas.
* Depois deveremos dizer que ela vai imaginar um balão com a sua cor favorita.
* A seguir pedimos que ela puxe o ar pelo nariz e depois imagine que está enchendo o balão para que ele fique bem grandão.

d. *A respiração do Leão*

* Para fazer essa respiração, a criança vai colocar as suas mãos no chão, ficando em cima de 4 patas como se fosse um leão.
* Depois ela vai puxar o ar pelo nariz e perceber que a sua barriguinha se expande enquanto as suas costas descem.
* A seguir ela vai expirar pela boca, esvaziando a sua barriga, enquanto, dessa vez, as suas costas sobem um pouquinho.

e. *Respirando com o bichinho de pelúcia preferido*

* Outra maneira de tornar a respiração um exercício lúdico para a criança, é pedir que ela escolha um bichinho de pelúcia e se deite com ele em cima de sua barriga.
* Depois, vamos solicitar que ela inspire e expire observando como ele sobe e desce na medida em que a sua barriguinha se enche e se esvazia. Vamos pedir que ela repita o movimento cerca de 5 vezes.

f. *A respiração do Chocolate quente*
    Exercício criado por Daniela Lempertz, membro da Força Tarefa que compõe a Global Child-EMDR Alliance.

Vamos pedir para a criança imaginar que está segurando uma xícara de chocolate quente em suas mãos. Ele está delicioso, mas muito quente para ser bebido. Então, vamos dizer para a criança:

* Imagine que você está sentindo o cheirinho bom desse chocolate, hum que gostoso.
* Mas como ele está muito quente agora, assopre bem devagar. Depois, cheire o chocolate de novo e sopre mais uma vez.
* Agora feche seus olhos e observe onde sente conforto no seu corpo.
* Abra seus olhos bem devagar e faça o Abraço da Borboleta concentrando-se nessa sensação agradável (poucos movimentos e lentos).
* Feche seus olhos e respire fundo por duas vezes.
* Para terminar, imagine que você está leve como uma nuvenzinha e... respire fundo mais uma vez.

Para possibilitar maior efetividade de tais estratégias de autorregulação, os cuidadores deverão ser orientados sobre os exercícios de respiração trabalhados com a criança e instruídos a auxiliá-las para os exercitarem em casa.

15. O pó de pirlimpimpim

Certa vez, uma menininha e eu estávamos trabalhando em sua preparação para darmos início ao reprocessamento de um evento traumático considerável. Já estávamos com o processo avançado quando ela me pediu para conhecer um livro de histórias encantadas que estava em minha prateleira. Escolheu a história que queria conhecer e me pediu para lê-la. Ao final, ela me confessou que se sentiria feliz e protegida se tivesse o seu próprio pote de pó de pirlimpimpim. Que ideia espetacular ela tinha tido, se esse pozinho funcionaria como um poderoso recurso para ela, na próxima sessão ele estaria em suas mãos, claro!

Eu disse que ela estava com muita sorte, contei que eu era amiga da Meméia (tenho uma bruxinha do bem no meu consultório) e que ela vivia no reino encantado e era amiga de muitas fadas. Contei também, que quando elas percebem que alguma criança está precisando de ajuda, preparam um pó de pirlimpimpim especial só para ela. Seus olhos brilharam como eu nunca tinha visto antes, parece terem se enchido de esperança. Combinei que faria um pedido para entrega especial e quando ela voltasse para a próxima sessão, seu pozinho mágico estaria esperando por ela. Aproveitei para instalar aquela alegria genuína e aguardei ansiosamente pelo nosso próximo encontro. Bom, havíamos criado um recurso valioso. Na minha opinião, todo terapeuta que trabalha com crianças carrega em si o dom de ser uma fada artesã.

Foi assim que surgiu o pó de pirlimpimpim: uma mistura deliciosa, composta por alguns saquinhos de gelatina de vários sabores, colocada em um pote transparente, enfeitado com fita colorida. Quando a criança volta na sessão seguinte, mostro para ela o presente das fadas. Embora as demandas de cada criança sejam bastante específicas, suas reações costumam ser as mesmas: sentimentos de alegria e de muita satisfação. Como estratégia, acrescento às reações da criança uma pitada do pó mágico, pedindo para que ela sinta seu cheiro, o gosto e na sequência faço uma série curtinha de MBs bem lentos. O potinho de magia segue com o paciente para casa e a prescrição é uma pitada sublingual, minutos antes de dormir, simbolizando o recurso que ele precisa: coragem, alegria, ânimo, força ou aquilo que for necessário.

16. A bolha protetora

Visando construir e ampliar os limites de proteção e de contenção para a criança, um recurso muito útil é o da bolha protetora. Precisamos nos recordar sempre que as vítimas de eventos traumáticos, sejam eles quais forem, se deparam com o fato de que seus limites foram transpostos, invadidos. Segundo Gomez: "Quando os limites protetores foram violados, ajudar a criança [...] a desenvolver um senso saudável de limites pessoais, deve fazer parte da fase de preparação." (2014, p. 63). O objetivo desta estratégia é permitir que a criança crie uma contenção concreta, que ela mesma possa controlar.

Para desenvolver este recurso, peça que a criança fique de pé e com as pernas um pouco afastadas (para promover equilíbrio e segurança), a seguir, solicite que ela se imagine dentro de uma bolha que a envolve completamente, construindo um campo de proteção dentro do qual ela possa se sentir segura.

Você pode dizer: "Da bolha para dentro, está você, seus sonhos, desejos, emoções e sensações boas, suaves e felizes. Do lado de fora, estão os outros, com as suas exigências e o jeito deles de verem as coisas. Imagine que dentro desta sua bolha tudo o que você sente e pensa de bom sobre você está protegido. Estique seus braços para cima e toque a sua bolha. Depois, vá escorregando suas mãos e sentindo a sua bolha, veja até onde ela vai e como ela te oferece um espaço gostoso e especial dentro do qual você pode se sentir muito bem. Imagine que ela tem a sua cor favorita ou que ela é toda colorida como o arco-íris. Imagine que o seu brinquedo favorito está aí dentro com você, perceba como isto é divertido. Agora, observe onde você sente essas coisas especiais no seu corpo e faça o abraço da borboleta (ou do King Kong). Respire fundo e solte." O terapeuta deve respirar junto com a criança para gerar conexão positiva.

Veja como a criança se sente, caso ela relate sensações e emoções positivas, repita o procedimento mais uma vez. Caso seja necessário, vá ajustando o exercício para alcançar recursos saudáveis. Continuando, vamos ajudar a criança a perceber como é ter o seu limite invadido. Para isto, poderemos colocar devagar, uma de nossas mãos dentro da bolha ou usar um brinquedo. Na sequência, verificamos com a criança como ela se sente em seu corpo, no seu coração e nos seus pensamentos. Em seguida, ela será instruída a empurrar nossa mão cuidadosamente ou colocar o brinquedo para o lado de fora. Pedimos que ela perceba como é estar com a sua bolha protetora só para si outra vez e a convidamos a tocar a bolha por inteiro de novo. Caso ela relate sentimentos e sensações positivas, fará mais uma série de MBs.).

Para que possamos garantir à criança o respeito aos recursos que foram desenvolvidos durante as sessões e nos assegurar de que eles serão considerados e compreendidos pelos cuidadores (que deverão ser vistos como e estimulados a serem nossos ajudantes), os mesmos deverão ser orientados a respeito dessa dinâmica e a colaborar com ela, sempre que necessário. Lembre-se, todo o trabalho terapêutico com crianças demanda parceria.

C.   Fase 3 — Avaliação: abrindo a Caixa de Pandora

Após termos apurado com os cuidadores e a criança sobre a sua história de vida, termos realizado a preparação, ensinado estratégias de mudança de estado e nos certificado de que o nosso pequeno cliente está apto a iniciar o reprocessamento, estamos prontos para começar a acessar o terreno do trauma.

Na Fase 3, basicamente, o terapeuta EMDR vai definir com o paciente o alvo a ser reprocessado, buscar as histórias que o alimentam, bem como levantar os elementos específicos do alvo por meio do acrônimo ICES (Ingresso sensorial, Crenças, Emoções, Sensações corporais e onde elas são sentidas no corpo, além das escalas da linha de base: VoC e SUDS). "Durante a fase de Avaliação, o terapeuta determina os componentes da lembrança alvo e estabelece as medidas da linha de base para as reações do cliente ao processo." (SHAPIRO, 2020, p. 124).

Para desenvolver a Fase 3 com o cliente, tenho utilizado o chapéu de Sherlock Holmes e a sua lupa maravilhosa, trazendo a dimensão lúdica para um contexto que poderia se tornar muito intenso para a criança. Costumo dizer: "Hoje, nós vamos usar os nossos chapéus de detetive e as nossas lupas incríveis, para descobrimos as pistas importantes que vão nos ajudar a entender o que aconteceu e como aconteceu, para solucionar este mistério de uma vez por todas e permitir que você não precise mais sofrer com isso."

Em seguida, digo para a criança: "Agora, você vai me ajudar com o nosso kit detetive." Montei um kit com os cartões que possibilitam à criança nos informar sobre os elementos do ICES, contendo ainda, colheres para medidas, régua, emborrachado, revistas para recorte, os óculos de enxergar as histórias de maneira diferente e outros elementos que forem necessários. Todos estes itens são apresentados para a criança, inclusive contando como nos ajudarão neste momento. Então, digo: "Vamos pegar os cartões coloridos com as dicas sobre os pensamentos bons e bagunçados, as emoções, as sensações do corpo e os medidores de pensamento. Vamos pegar também papel e lápis para desenharmos e as nossas outras ferramentas de trabalho." Com a estação de trabalho montada, seguimos com o processo.

1. Acessando o alvo em si

Com o nosso kit pronto, vamos orientar a criança. Nesse momento, costumo falar: "Agora, você, eu e a nossa equipe de trabalho: os dois hemisférios do seu Dr. Sara Cura, os dois hemisférios do meu Dr. Sara Cura, junto com todos os outros ajudantes, vamos começar a investigar, com segurança e proteção, tudo o que faz parte dessa história que incomoda você. Coloque o seu chapéu de detetive, eu já estou colocando o meu, e vamos começar o nosso trabalho para encontrar algumas pistas. Você está pronto? Vamos lá."

2. Estratégias para encontrar eventos mais antigos: conhecendo o que deu origem à série

Dependendo da idade da criança, fazer uso das estratégias para encontrar alvos mais antigos: Questionamento direto, Flutuar para trás e Escaneamento de afeto, nem sempre é uma tarefa fácil ou possível. Todavia, quando a criança apresenta um nível de desenvolvimento e de compreensão que a permita buscar experiências anteriores, que estejam contribuindo tanto para a ocorrência dos sintomas atuais quanto alimentando os gatilhos que estão ativando tais redes de memória, esse trabalho é recomendado (GOMEZ, 2014, p. 88). Todavia, é importante ressaltar que quando estamos lidando com traumas de evento único ou traumas simples, as crianças costumam apresentar redes de memória pouco complexas e muitas vezes, o alvo a ser trabalhado é realmente aquele apresentado pelos cuidadores e pela criança.

a. *O Flutuar para trás e o Escaneamento de afeto: mesclando as possibilidades*

Para desenvolver o trabalho com a criança, sempre que possível, considero a sua capacidade de voltar no tempo em busca de momentos nos quais as histórias atuais tenham começado. Assim, inicio a Fase 3 buscando por lembranças mais antigas. Comumente, tenho associado o Flutuar para trás com o Escaneamento de Afeto para favorecer e facilitar o acesso do cliente ao que ainda, possa surgir.

Nessa etapa eu digo à criança: "Muitas vezes, as coisas difíceis que estamos vivendo agora parecem ser uma novidade para nós, parecem estar acontecendo pela primeira vez, mas, muitas crianças têm me ensinado que pode ser possível que coisas parecidas tenham acontecido antes. Pode ser que elas apareçam vestidas de maneira diferente, usando máscaras, como se estivessem disfarçadas, mas nos fazem sentir as mesmas emoções, sensações e ter os mesmos pensamentos."

Então, continuo: "Quero pedir para que o seu Dr. Sara Cura seja o melhor detetive que ele puder e nos ajude a saber se isto também aconteceu com você. Pegue a sua lupa, feche os seus olhinhos e pense naquela história difícil que você me contou (repita o que a criança escolheu para ser trabalhado) e deixe que o Dr. Sara Cura vá fazendo o trabalho de detetive mais especial da vida dele e veja se ele encontra pistas que nos digam se coisas parecidas já aconteceram antes. Deixe que ele vá viajando para trás, como se estivesse numa máquina do tempo, e observe em que outras vezes você ou o seu corpo já tenha se sentido dessa maneira ou pensado assim a seu respeito. Quando isso aparecer aí, abra os seus olhos."

Assim que a criança abrir os olhos, vamos verificar se surgiu algo para além do que já havíamos coletado. O próximo passo será solicitar que o nosso cliente desenhe o que quer que tenha surgido ou nos conte sobre. Caso nenhum dado novo tenha aparecido, vamos trabalhar com o tema já definido anteriormente da mesma maneira como informado acima (desenho ou relato).

A partir daí, a criança nos fornecerá os elementos do ICES por meio de recursos lúdicos e que nos permitam trilhar o terreno do trauma com o menor impacto possível.

3. Chaves para abrir a Caixa de Pandora

Tão logo o alvo esteja definido, podemos pedir que a criança desenhe com o que a história se parece. O desenho em si é uma realidade muito comum no trabalho com as crianças, é a linguagem mais fluida e natural que ela conhece. Além disto, tenho visto esse recurso funcionar muito bem, como uma estratégia de distanciamento já que aquilo que assusta, incomoda e faz sofrer, está sendo colocado do lado de fora e pode ser visto a partir desta nova perspectiva. Poder nos afastar um pouco do que está nos mobilizando de maneira intensa, nos oportuniza lidar com o reprocessamento com mais proveito, visto que a possibilidade de permanecermos dentro da Janela de Tolerância é imprescindível para que possamos realizar o trabalho com a terapia EMDR.

Sobre as chaves que utilizamos para abrir a *Caixa de Pandora*, são elas:

a. *Ingresso sensorial:*

Podemos dizer à criança: "Agora que o Dr. Sara Cura já mostrou para você qual é a história que aconteceu no dia difícil, gostaria que você fizesse um desenho ou usasse figuras dessas revistas para representar como você vê isso que te aconteceu ou para representar a pior parte disto para você." Enquanto a criança produz essa informação, devemos estar ao lado dela em uma parceria protetora. Na sequência, costumo pedir que a criança me apresente brevemente aquele desenho. Esta estratégia nos permite angariar um pouco mais sobre a história. Após esse passo, vamos para o próximo.

b. *Crença Negativa (CN):*

Perguntar: "Quando você olha para este desenho, quais são os pensamentos difíceis, bagunçados e negativos que aparecem sobre você, agora?". Para que a criança acesse a CN, podemos fazer uso dos cartões que as representam.

c. *Crença Positiva (CP):*

Questionar: "Quando você olha para o seu desenho ou pensa nele agora, quais são os pensamentos positivos, gostosos e especiais que você gostaria de ter sobre você mesmo?". Mais uma vez, vamos fazer uso dos cartões.

d. *VoC (Validação da CP):*

Para acessar o quanto a criança acredita que aqueles pensamentos positivos são verdadeiros, podemos utilizar uma pequena régua, uma escala emborrachada, uma escala desenhada no chão (como se fosse uma amarelinha permanente ou confeccionada a cada sessão). É importante explicar para a criança que vamos fazer algumas medidas bem interessantes no nosso trabalho de equipe. Nesta medida agora, nós vamos querer saber o quanto o pensamento que ela nos informou ter sobre si é forte, é musculoso. Diga: "Agora, quando você olha para o seu desenho e pensa nas palavras positivas (vamos repetir a CP que a criança escolheu) numa reguinha em que 1 é completamente falso e 7 é totalmente verdadeiro, o quanto você sente (com o coração/corpo e não com a cabeça) que as essas palavras são verdadeiras agora, apesar do que aconteceu?"

e. Emoções:

Sobre as emoções, podemos utilizar os cartões que as representam. Pergunte para a criança: "Quando você pensa naquele desenho ou olha para ele e pensa nas palavras negativas (vamos repetir a CN que a criança escolheu) que emoções você sente agora? Lembre-se fulano, no nosso trabalho, emoções e sentimentos são a mesma coisa."

f. SUDS (Unidades subjetivas de perturbação):

Via SUDS, estamos buscando pela medida de perturbação emocional. Assim como para o VoC, a medida do SUDS poderá ser realizada por meio de régua, emborrachado, amarelinha, escala com carinhas, medidores, post its com gradiente de cores, dentre outros. Neste caso, vamos esclarecer que nesta etapa do nosso trabalho, queremos saber o quanto a história pesa para a criança.

Diga para o seu clientinho: "Agora, quando você olha para esse desenho, gostaria que me dissesse o quanto, numa régua que vai de 0 a 10 e que nwos conta que 10 é muito perturbador, muito intenso e 0 é nenhuma perturbação, nenhum desconforto, o quanto isso te incomoda ou pesa para você agora?"

g. Sensação corporal:

Para verificarmos onde o nosso clientinho encontra, no seu corpo, a sensação que incomoda quando faz contato com a história ruim, podemos dizer a ele: "Quando coisas difíceis nos acontecem, o Dr. Sara Cura parece encontrar um endereço no nosso corpo para onde ela envia o que incomoda, como uma forma de chamar a nossa atenção e nos dizer que alguma coisa não vai bem. Agora, você vai usar a sua lupa de detetive (ou o detector de sensações), a sua mão scanner ou o tambor com barulho de mar (trata-se do tambor oceânico, um recurso muito especial que utilizo para encontrar a sensação corporal) para encontrar onde isso está no seu corpo. Quando você olha para este desenho agora, perceba onde você sente isso no seu corpo ou onde sente esse 'x' (número que a criança disse na medida do SUDS)". Por meio dos instrumentos de detecção, o cliente fará uma varredura corporal em busca do *endereço* do desconforto.

D. Fase 4 — Dessensibilização: o Dr. Sara Cura começa a mastigar e a digerir o dia ruim — o trem do reprocessamento está de volta à sua viagem

Visto que a preparação da criança já foi feita e que o trabalho de acesso ao alvo já foi efetuado, é hora de darmos início ao reprocessamento. O objetivo da Fase 4 é, por meio da dessensibilização e do reprocessamento da lembrança traumática, oportunizar a assimilação e a integração do material anteriormente mal-adaptativo na rede positiva de memórias, favorecendo a transmutação da história antes disfuncional.

Para garantir que o trabalho seja o mais seguro e o menos pesado possível, precisamos ter em mente que é imprescindível manter o sistema lúdico da criança ativado, inclusive nesta fase. Cuidar do reprocessamento da lembrança disfuncional mantendo a criança dentro de um sistema estável, permite que ela permaneça na Janela de Tolerância durante o processo. No que se refere ao brincar como terreno sobre o qual transitamos na terapia com crianças, Gomez afirma:

Incorporar o brincar é essencial quando se trabalha com crianças traumatizadas. [...] Por isso, a Terapia EMDR precisa ser apresentada para a criança de maneira atraente, real e divertida. Atividades lúdicas mantém o sistema de engajamento social ativo, permitindo à criança explorar com segurança eventos e situações que podem ser perturbadores. (2014, p. 38.)

Deve-se lembrar à criança de usar seus ajudantes: os fantoches, dedoches, marionetes, o Dr. Sara Cura, o trem do reprocessamento, a lupa maravilhosa e todo o aparato de recursos que tivermos à mão para possibilitar que o trabalho aconteça e gere o seu fruto mais precioso: a possibilidade de que ela escreva para si uma nova história.

Para dar início ao reprocessamento, costumo dizer à criança: "Agora, que você já sabe que tem um time e tanto com o qual pode contar, vamos começar a ver como o Dr. Sara Cura é capaz de mastigar e de digerir aquilo que te aconteceu de ruim. Prepare-se, ele tem dentes poderosos e um estômago muito forte.

Lembre-se que você tem o seu sinal de pare (a mãozinha colorida, as placas de pare, a mão do próprio cliente) e que pode me pedir para parar a qualquer momento. Parar não significa que você não seja corajoso, só me diz que chegou ao seu limite e todo mundo tem um. Respeitar este ponto nos mantém seguros. Escolha o ajudante de hoje e vamos lá? Quando a criança me diz que está pronta, começamos: agora, quero te pedir para pensar (vamos nos referir ao que a criança tiver criado para representar o evento traumático) naquele desenho; naquela colagem; naquela música que você cantou; naquele cordel, pense nos pensamento bagunçados (repete-se a CN), veja onde você sente isso no seu corpo e siga "x" (o ajudante que a criança tiver escolhido para aquela sessão)".

Ao final da série de MBs diga para a criança: "Respire bem fundo (sempre respiro com ela) e solte ou cheire florzinha e sopre velinha", ou ainda: "Respire fundo e solte imaginado que você está enchendo um balão de ar". A seguir pergunto: "O que veio?" ou:

"O que aconteceu?" Após a resposta da criança, falo: "Continue acompanhando 'x' (o ajudante)."

Vamos seguir desta maneira, entre séries de MBs e o que a criança vai trazendo, até que percebamos que o canal associativo chegou ao fim, mediante respostas positivas ou neutras, ou que a criança pareça ter perdido o acesso ao alvo. Quando isto acontece, vamos voltar ao alvo. Diga: "Fulano, agora quando você pensa naquela história ruim que o Dr. Sara Cura está mastigando, o quanto nesta régua que vai de 0 a 10 e que nos conta que 10 é muito perturbador, muito intenso e 0 é nenhuma perturbação, nenhum desconforto, isto te incomoda ou pesa para você agora?".

Quando a criança é menor, vamos fazer essa medida usando as colheres ou os medidores ou ainda, usar as mãos e os braços para irem se aproximando ou se distanciando dependendo da necessidade.

Caso ainda haja desconforto (SUDS), vamos seguir com o reprocessamento até que a perturbação cesse ou que a sessão esteja chegando ao fim e tenhamos que encerrá-la. Uma vez que o SUDS chegue a 0, podemos fazer mais uma série de MBs para fortalecer esta condição ou passamos para a fase 5.

A Fase 4 será considerada completa quando o SUDS chegar a 0 ou, no máximo, 1 adaptativo.

1. Auxiliando a criança a reescrever sua história ludicamente

Para demonstrar as diversas possibilidades de reprocessamento com crianças, compartilho alguns casos clínicos dos quais tive a alegria de cuidar. É importante ressaltar que a apresentação desses casos foi devidamente autorizada pelos cuidadores e, dependendo da idade das crianças, por elas também, que se sentiram muito importantes por saberem que o trabalho de cura que realizaram seria utilizado como uma bússola para que outros terapeutas pudessem ajudar os seus pequenos pacientes.

Considerando que os conceitos, o manejo e a sequência que fundamentam a dinâmica da terapia EMDR se encontram alicerçados ou em rota de consolidação na sua prática clínica, compartilho os 3 casos a seguir.

Muito embora a estrutura do EMDR tenha sido mantida nos atendimentos, levando em conta a maneira como a informação foi processada e armazenada, em virtude da pouco idade das duas primeiras crianças, foram necessárias adequações que permitiram trabalhar os eventos traumáticos de forma fluida. No que se refere ao terceiro caso, uma vez que a história estava sendo contada somaticamente, o trabalho foi realizado por meio de um ICES incompleto já que a narrativa estava sendo feita por uma ferida no corpo da criança. Sobre o fato, Grand afirma que: "Nos lembramos por meio dos sintomas." (2007, p. 120), e era por seu intermédio que a paciente estava gritando por socorro.

Após tais considerações, passemos aos casos clínicos.

a. *Tem cérebro? Então reprocessa!*

Este atendimento se refere aos cuidados terapêuticos de um menino de 1 ano e 6 meses acometido por um trauma físico. Após o episódio que originou o evento traumático, a criança passou a apresentar dificuldades para dormir, irritabilidade, choro fácil, bloqueio para continuar ensaiando seus passos e uma dependência intensa em relação à mãe, rejeitando a presença de outros cuidadores.

Sobre traumas físicos que podem se tornar traumas emocionais, Grand afirma que: "Tudo o acontece na mente afeta o corpo e tudo o que ocorre no corpo afeta a mente [...]." (2007, p. 138). Foi, precisamente, este o contexto no qual se desenvolveu o processo traumático relatado a seguir.

O caso apresentado na sequência, foi realizado em uma única sessão de EMDR.[9]

A terapia *EMDR* entra em cena

Fase 1: História Clínica

Recebi a ligação de uma mãe aflita, solicitando ajuda para lidar com seu filho e com os desdobramentos que ele estava vivendo após a ocorrência de um acidente doméstico.

A mãe, técnica de enfermagem em uma instituição de saúde, trabalhava com uma psiquiatra EMDRista. A proximidade com os resultados promissores oferecidos pela terapia EMDR, além da confiança nesta profissional, favoreceram a busca por ajuda para o seu filho que estava sofrendo.

De acordo com a genitora, a criança sempre fora alegre, convivente, divertida. Gostava de brincar com uma prima em específico e aceitava bem a interação com outros cuidadores. Dormia bem, se alimentava satisfatoriamente e já demonstrava certo nível de independência no ambiente conhecido. Tratava-se de um menino saudável e feliz.

A sintomatologia apresentada pela criança surgiu após um evento específico, não havendo nexo causal com um acontecimento pregresso, o que nos permitiu identificar que estávamos diante de trauma de evento único. Entretanto, este havia sido suficiente para imprimir uma marca importante no cérebro da criança, respondendo pelo transtorno de estresse pós-traumático (TEPT) que ela estava vivenciando.

---

[9] Para apresentar o caso descrito, visando oferecer a você leitor(a) informações atualizadas, retomei o contato com mãe e os resultados compartilhados anteriormente foram reiterados.

Faz-se necessário esclarecer que as Fases 5 e 6 não foram realizadas em virtude da idade da criança.

Segundo os relatados maternos, seu filho havia terminado de tomar banho e fora colocado na cama dos pais, com cerca de 70 cm de altura, para vestir sua roupa. Em um curto espaço de tempo, enquanto a mãe virou-se para pegar a fralda, a criança caiu da cama batendo o lado esquerdo do rosto no chão. Em virtude do susto e do impacto, o menino chorou bastante e quando se acalmou, não deu mostras de maiores dificuldades. Entretanto, com o passar do tempo, começou a apresentar episódios de muito choro, dificuldade para dormir, irritação, além de não mais descer sozinho da sua própria cama, atividade que realizava tranquilamente antes da queda.

Prezando pela sua integridade e saúde, no dia seguinte à queda, a mãe o levou ao médico que, após os exames clínicos, nada constatou. Todavia, transcorridos alguns dias, a criança estava brincando de engatinhar com uma prima e quando a mãozinha escorregou, ele bateu o lado esquerdo do rosto no chão mais uma vez. Na sequência, desmaiou, ficou cianótico, hipotônico e enrolou a língua. A mesma sintomatologia se repetiu em outros três momentos quando a criança encostou o mesmo lado do rosto no chão. Após tais ocorrências, quando a criança recobrava a consciência, apresentava um choro muito sentido, de acordo com a mãe.

Ainda preocupada, retornou com o filho à pediatra que não conseguiu encontrar uma causa para aqueles episódios. Logo após, foi levado ao neurologista, que mesmo havendo realizado um exame clínico apurado e um Eletroencefalograma (EEG), não encontrou nenhum dado que justificasse o que estava acontecendo.

O fato é que, a cada vez que a criança caía e encostava o lado esquerdo do rosto no chão, apresenta a mesma sintomatologia descrita. De acordo com a mãe, o que mais intrigava a todos era que a criança já havia caído e batido o lado direito do rosto no chão, a parte de trás da cabeça e nada havia acontecido. O fator gerador do desmaio era, exatamente, o contato do lado esquerdo do rostinho da criança com o chão. Não havia dúvida, estávamos diante de um evento que havia se tornado traumático.

A psicoeducação foi realizada com a mãe, tendo sido apresentadas todas as informações pertinentes à terapia EMDR e ao seu funcionamento no trabalho com crianças, incluindo material de leitura, bem como a orientação para que ela assistisse a sessões de EMDR disponíveis online. Combinamos que um novo contato seria feito, ainda naquela semana, assim que ela finalizasse a leitura e assistisse às sessões.

O contato foi realizado, discutimos mais alguns pontos e a mãe me perguntou: "Será que essa terapia vai funcionar com o meu filho que é tão pequeno?". Reforcei que o trabalho com crianças é feito com ajustes e considerações importantes em virtude da idade, que a perspectiva lúdica é incluída ao longo do processo. Em seguida, para responder ao seu questionamento, perguntei: "Seu filho tem cérebro?". Ela não compreendeu e perguntou: "Como assim?". Ao que enfatizei: "Ele tem cérebro?" E diante de sua resposta enfática — "Claro que sim! —, eu afirmei: "Se tem cérebro, reprocessa!".

Rimos juntas assim que ela compreendeu, em definitivo, que a terapia EMDR é uma abordagem que possibilita a ressignificação do conteúdo disfuncional bloqueado em redes cerebrais. Aproveitamos esse encontro para que a preparação pudesse ser realizada, afinal, esta etapa consolida os cuidados que precisamos oferecer ao paciente e aos seus cuidadores, incluindo o fortalecimento da aliança terapêutica, bem como as orientações a respeito do manejo da terapia EMDR.

Fase 2: Preparação

Visando garantir o melhor acolhimento para a criança e a preparação da mãe, para que a sessão pudesse funcionar de forma segura para ambos e ofertasse os resultados esperados, demos início à preparação.

Nesta oportunidade, verifiquei se a genitora estava tranquila e bem regulada quanto ao acontecimento relatado. Afinal, ela seria peça fundamental no trabalho a ser realizado com a criança e precisaria estar em sua Janela de Tolerância para que o processo acontecesse. Afirmou estar bem com o que acontecera, não havendo o que a impedisse de participar da sessão.

Diante do exposto, esclareci como o atendimento seria realizado. Combinei com a mãe que no dia da sessão eu pediria a ela que assentasse o filho no seu colo, mantendo-o encostado em seu corpo com as perninhas voltadas para mim. Desta maneira a criança, além de acolhida pelo contato físico com a mãe, também estaria com as penas e os pés disponíveis para que eu pudesse realizar os movimentos bilaterais durante o reprocessamento.

Em seguida, ressaltei que, com a criança naquela posição, eu iria solicitar que ela nos contasse o que havia acontecido no dia da queda, por isso era tão importante que ela estivesse pronta para relatar o episódio. Informei que, pela pouca idade do seu filho, ela funcionaria como um meio para que o cérebro dele acessasse o alvo que seria trabalhado. Nesta oportunidade, expliquei mais uma vez do que se tratava o PAI e esclareci sobre os MBs. Então, durante a narrativa do evento, eu faria uso dos movimentos táteis para que o cérebro pudesse, por meio do EMDR, realizar o trabalho que havia ficado em aberto.

Fase 3: Avaliação

No dia marcado, recebi o pequeno paciente e sua mãe. Ele chegou tranquilo, no colo e atento a tudo que se passava no novo espaço onde se encontrava. Fiz um breve contato com a criança, deixei alguns brinquedos ao alcance de suas mãozinhas e, em seguida, demos início ao trabalho.

Conforme combinado, o colo da mãe acolheu e aconchegou o filho. Na sequência, pedi que ela nos contasse o que havia acontecido aos dois naquele dia difícil. Imediatamente, ela iniciou a narrativa da história. Ao relatá-la, a Caixa de Pandora começou a se abrir e, naquele momento, permitiu que a criança acessasse o alvo da forma em que ele havia ficado armazenado em suas redes neuronais, em forma-estado específica.

Fase 4: Dessensibilização

O relato começou com o banho do garoto, seguindo para o momento em que ele fora colocado na cama, passando para a breve saída da mãe para pegar a fraldinha. Ele ouvia atentamente a tudo o que a sua mãe contava, virando a sua cabeça para trás para olhar para ela, desde o momento que precedeu a queda até os episódios de desmaio, a busca pelos atendimentos médicos, a mudança em seu comportamento, a conversa com a psiquiatra e a chegada ao meu consultório. Assim que a história iniciou, os MBs se deram imediatamente nos joelhos da criança. Após algumas sérias, ele começou a fazer movimentos de esticar e encolher as perninhas, segui fazendo os movimentos táteis em seus pezinhos, buscando tornar o reprocessamento mais agradável para a criança.

Feitas algumas séries, o menino desceu do colo da mãe e, ao pular no chão, alcançou a minha caixa de lenços que estava ao seu lado. Como a narrativa prosseguia, e ele havia se posicionado de costas para mim, dei sequência aos MBs em seus ombros, o reprocessamento estava a todo vapor. A criança abriu a caixa de lenços (uma pequena caixa de acrílico dentro da qual se encontravam várias unidades de lenço de papel) e começou a retirá-los. Cada lenço que o paciente pegava era amassado e atirado no chão seguido pela onomatopeia *pá* emitida por ele mesmo. Assim foi feito com as 11 unidades que ocupavam a caixa, uma a uma. Além de seguir com os MBs nas costinhas da criança, eu também emitia o mesmo som que ela fazia enquanto jogava os lenços no chão e, ato contínuo, ela me olhava e esboçava quase um sorriso como a informar que estava sendo compreendida. Não havia dúvidas, a onomatopeia utilizada por aquele pequeno garoto reproduzia o som do contato do seu corpo com o chão, no momento da queda.

Após ter amassado e arremessado todos os lenços no chão, a criança se dirigiu para a casa de bonecos que estava próxima a ela. Trata-se de uma casa de madeira com dois pavimentos onde moram duas famílias. No andar superior, fica o quarto, já na parte inferior, a cozinha, ambos os cômodos mobiliados. Além desta estrutura, a casinha possui um telhado articulado. Já diante da casa, o garotinho levantou o telhado e começou a retirar todos os membros da família que estavam ali. A cada boneco que saia, a criança o olhava e na sequência o lançava ao chão e emitia o mesmo *pá*. O paciente repetiu esta ação até que todos os membros das famílias, 14 no total incluindo os bebês, estivessem no chão.

Durante toda essa vivência apresentada pela criança, os MBs foram feitos nos seus ombros, seguidos da minha verbalização *pá*. Depois de jogar no piso o último boneco, o menininho os apanhou um a um, arremessando-os dentro da casinha e, tanto literal quanto metaforicamente, fechou a tampa do telhado. Sem dúvida, uma boa parte da história estava se encerrando ali, aquele Dr. Sara Cura não brincava em serviço.

Por último, a criança se deitou no chão do consultório e iniciou um movimento que imitava o contato do seu rostinho, lado esquerdo e direito, na superfície. Imediatamente, ao seu lado, comecei a reproduzir o que ele fazia. Durante todo o tempo em que movia a sua cabeça, ele seguia emitindo *pá, pá, pá* e eu acompanhava o líder. Simultaneamente, os movimentos bilaterais continuaram sendo realizados em suas costinhas. É importante destacar que durante este período, que durou cerca de 20 minutos, a mãe continuou contando a história e já estava se aproximando do ponto em que ela e o filho haviam chegado ao meu consultório. Depois desta sucessão de representações tão incríveis e fiéis ao que lhe havia acontecido, a criança parou de realizar o movimento com a cabeça, se levantou, olhou para a sua mãe e disse: *"Boia mamã"*.

Em um linguajar bastante apropriado para a sua idade, ela estava nos comunicando que aquele era o ponto de basta para a história que havia se tornado disfuncional. Fazendo menção ao funcionamento do PAI, o evento havia recebido transmutação em suas redes de memória. A mãe o olhou e proferiu um sonoro: "Espera, ainda não acabou". Eu me dirigi aquela mãezinha e afirmei: "Pode voltar para casa com o seu filho, esta história terminou aqui."

Fase 7: Fechamento

Finalizei a sessão falando primeiro com a mãe. Solicitei que ela pegasse o filho no colo, visto que este último (o colo) funcionaria como um oásis de contenção e segurança, favorecendo uma estrutura considerável de fechamento. Depois, estando a criança totalmente envolvida no aconchego materno, fiz carinho em sua cabeça, em seu rostinho e disse que ela tinha sido muito corajosa. O menino me olhou sereno, parecia feliz.

Na sequência, pedi que a criança fosse observada pelos próximos dias, visto que o reprocessamento pode continuar após a sessão. Tanto sinais quanto sintomas poderiam surgir, informando sobre a necessidade de outra sessão. Ademais, acompanhar seu sono, o comportamento em geral, sua interação com o meio e com as pessoas, sua alimentação e humor, iria nos oferecer um material importante a respeito do reprocessamento que havia se dado.

Combinei que faria contato em breve, afinal, Sherlock precisava continuar a sua missão.

Fase 8: Reavaliação

Com o objetivo de que a mãe tivesse prazo para observar o dia a dia da criança, fiz o primeiro contato 2 dias após a sessão. De acordo com o relato materno, o filho estava mais confiante, tranquilo, feliz. Informou que no mesmo dia do atendimento, voltou a descer de sua cama sozinho. Mostrava-se mais interativo, brincando com mais interesse, uma vez que a sintomatologia apresentada anteriormente não havia surgido mais. Ele estava seguindo como se nada tivesse acontecido.

Combinei com a mãe que novos contatos seriam feitos para verificar se algo mais precisaria ser trabalhado. Além disto, ela também deveria fazê-lo se alguma questão lhe chamasse a atenção relativamente aos episódios que foram apresentados antes do reprocessamento.

Alguns dias depois, voltei a falar com a mãe, as notícias corroboravam a efetividade do trabalho realizado pelo cérebro da criança. De acordo com ela, o filho nunca mais havia apresentado o quadro disfuncional. Somadas a estas informações relatou que, no intervalo das nossas conversas, ele havia caído mais algumas vezes e batido o lado esquerdo do rosto no chão e, embora tenha chorado por razões óbvias, os incidentes envolvendo os desmaios, a cianose e a hipotonia nunca mais haviam se repetido. Ao que tudo indica, os desmaios e seus desdobramentos estavam funcionando como um mecanismo de preservação da criança, uma estratégia do cérebro para livrá-la da possibilidade de sofrer outra vez. Parecia estar funcionando como: "Vou desligar você para que não passe, de novo, pelo que viveu antes".

Para o cérebro, a tarefa primordial é garantir a nossa sobrevivência, todo o resto está em segundo plano (VAN DER KOLK, 2020). Estávamos diante de um reprocessamento muito bem-vindo e primoroso, afinal, *se tem cérebro, reprocessa*!

b. Reprocessando por procuração: usando histórias e um ajudante para cuidar da dor emocional

O relato em questão se refere ao trabalho desenvolvido com uma menininha de 1 ano e sete meses com dificuldade para dormir e intensos sintomas de bruxismo.

O tratamento foi realizado em 2 sessões distintas, de 1 hora cada. Na primeira sessão, o manejo contemplou a narrativa materna sobre o que estava se passando com a criança como desdobramento de acontecimentos familiares específicos. Já na segunda, o reprocessamento ocorreu de forma indireta visto que foi direcionado a um paciente muito especial, um ursinho, enquanto a mãe nos contava sobre o disparador que havia surgido entre as sessões.

Em ambos os encontros, estiveram presentes a mãe e a avó materna como recursos fundamentais para possibilitar o ajuste da história vivenciada pela criança, de maneira disfuncional. Juntamente com a mãe, a avó figurava como alicerce emocional para a menina e por este motivo, foi incluída no processo. Tanto uma quanto outra conheciam a terapia EMDR, uma vez que a avó havia finalizado o seu tratamento a pouco e a mãe estava em processo.

A terapia *EMDR* entra no circuito

Fase 1: História Clínica

A demanda para cuidar da criança partiu da mãe após presenciar, repetidas vezes, o seu sofrimento que vinha se tornando cada vez mais intenso. De acordo com o relato materno, suas noites de sono estavam agitadas e difíceis, não sendo incomuns episódios de terror noturno. Para mostrar o grau de aflição da filha, a mãe gravou, espontaneamente, alguns vídeos que me permitiram observar o contexto. No berço, a criança se debatia,

chorava, emitia frases desconexas e tanto rangia quanto aper-
tava seus dentinhos, era possível ouvir o ruído. Ao longo do dia,
a criança apresentava choro fácil e sentido, um nível considerável de irritação e desânimo para brincar. Ir para a escolinha
já não era mais divertido e vinha se tornando uma grande dificuldade. Eram frequentes as queixas sobre a ausência paterna,
sempre acompanhadas de tristeza e muitas lágrimas. Depois da
avaliação do pediatra e da constatação de que não havia qualquer desordem em sua saúde física, a mãe buscou pela terapia.

Os comportamentos apresentados acima começaram a partir
das viagens do pai. Havia se tornado comum, por causa dos voos
em horários diversos, ele sair de casa e deixar a filha dormindo e
retornar encontrando-a na mesma condição. A criança, afetuosa e
observadora, começou a sentir muita falta do seu companheiro de
brincadeiras. Nos últimos tempos, se comunicavam basicamente,
por videochamada. Entretanto, para uma pessoa tão amorosa, a
conexão tinha se tornado instável demais. Depois de um tempo,
em consequência de tal rotina, a menina começou a apresentar a
sintomatologia descrita. Os disparadores estavam muito claros,
se referiam às viagens do pai e, a cada nova partida, os sintomas
se intensificavam.

Os dados relativos à gestação, nascimento, saúde de forma geral,
desenvolvimento físico e socioemocional, foram levantados para
complementar a anamnese. Tratava-se de uma menina saudável
e feliz.

A partir de uma solicitação da mãe e da avó, ambas foram incluídas na sessão com a criança, uma vez que eram seu porto seguro.
Por já conhecerem o funcionamento e a dinâmica da terapia EMDR,
as orientações focaram em esclarecer como o manejo se daria com
a criança e onde as duas se encaixariam no processo. Combinei que
a mãe seria a porta voz da menina, contando para nós o que estava
acontecendo, na medida em que eu faria os movimentos táteis para
colocar o trem do reprocessamento nos trilhos outra vez. Caso fosse
necessário, a avó nos auxiliaria trazendo uma parte da narrativa.

Como a questão em si estava impactando, para além da criança, a elas mesmas, verifiquei se estavam disponíveis e bem-organizadas emocionalmente para participarem conosco.

Visto que a criança já me conhecia e esboçava tranquilidade e alegria ao estar comigo, solicitei que dissessem que ela viria me ver e que nós brincaríamos. Imaginei que teríamos a possibilidade de um encontro fluido.

Feitos os devidos esclarecimentos e a psicoeducação, deixamos agendada a sessão para a criança.

Seguindo com a história

No dia e horário agendados, estavam diante de mim 3 gerações. A criança chegou no colo da mãe, tendo a avó como fiel escudeira ao seu lado.

Fase 2: Preparação

Nos cumprimentamos, me dirigi a ela para um breve acolhimento e na sequência ofereci alguns brinquedos. A menina estendeu sua mãozinha para pegar um deles. Depois, brincamos um pouco com uma pequena boneca que ela quis segurar em seus braços. O aconchego, a conversa com criança e a oferta dos brinquedos, estrategicamente, funcionaria como uma maneira de cuidar do nosso vínculo, de sua preparação já que, em virtude da sua idade, este era o caminho mais viável. Nesta sessão, ela não deixou o colo materno.

Antes de iniciar o reprocessamento, confirmei o nível de regulação emocional da mãe e da avó. Como a primeira estava em franco processo terapêutico, relembrei a ela do seu Lugar Seguro/ Tranquilo o qual visitou por um curtíssimo espaço de tempo. Visto que os cuidadores funcionam, muitas vezes, como coterapeutas durante as sessões, elas precisavam estar bem alicerçadas antes de começarmos.

Fase 3: Avaliação

Dando continuidade ao processo, pedi que se assentassem e, conforme orientado, solicitei à mãe que aconchegasse a filha em seu colo, mantendo suas perninhas viradas para mim. Assim que a mãe iniciasse seu relato, estaríamos acessando o alvo e este era um movimento necessário para que o Dr. Sara Cura daquela menininha começasse a mastigar a história disfuncional.

Fase 4: Dessensibilização

Para iniciar o reprocessamento em si, tão logo o relato materno teve início, comecei a fazer os MBs nos joelhinhos da criança. Durante a sessão, a mãe nos ofereceu uma narração completa de todo o contexto. Na medida em que a história era contada e os movimentos bilaterais seguiam, a menina olhava para a avó e para a mãe. Parecia perceber que outras pessoas compreendiam o que estava se passando. O dedoche continuou fazendo os MBs táteis nos joelhos daquela garotinha, enquanto ela observava os ajudantes que estavam ali por ela.

Transcorrido certo tempo, ela começou a movimentar suas perninhas de maneira inquieta, como a comunicar seu limite. Seria aquele seu sinal de Pare? Buscando atender à solicitação corporal da criança, passei a fazer os movimentos táteis em seus pés, com o objetivo de oferecer o equivalente à uma estratégia de distanciamento. Seguimos a partir daí e a sessão transcorreu tranquilamente, tendo a narrativa continuado até aquele momento em que elas se encontravam ali em meu consultório. Neste ponto, finalizei os MBs, estávamos encerrando a sessão.

Fase 7: Fechamento

Como uma forma de fazer algo compatível com o fechamento da sessão, me aproximei da criança e a abracei dizendo bem baixinho:

"Você foi muito corajosa hoje". Ainda no colo da mãe, retribuiu o meu abraço.

Para a mãe e a avó fiz os meus agradecimentos pela parceria importante e disse que as duas conheciam muito bem seu Lugar Seguro para o caso de precisarem se autorregular.

Continuando a nossa cooperação, pedi que observassem a menina em relação às suas emoções, comportamentos em geral, disponibilidade para brincar e, claro, seu sono. Caso percebessem algo que fosse muito intenso para a criança, deveriam fazer contato. Sendo necessário, uma nova sessão seria agendada. Aproveitei a oportunidade para dizer que ficaria feliz em receber boas notícias, também. Afinal, inserir leveza nos contextos densos, ajuda a tonar as histórias mais fluidas.

Combinei que ligaria em alguns dias para verificar como as coisas estavam seguindo.

Fase 8: Reavaliação

De maneira muito interessante e bem-vinda, assim que finalizei os atendimentos daquela manhã, percebi que havia recebido uma mensagem da mãe. Para esclarecer a importância do que foi compartilhado comigo, cabe ressaltar que aquela garotinha vinha tanto dormindo mal quanto pouco, parecia brigar com o sono. Além disto, a família reside em uma região próxima que fica a cerca de 40 minutos do meu consultório. De acordo com a mãe, assim que a filha foi colocada em sua cadeirinha de segurança, começou a dormir e desta maneira permaneceu até algum tempo depois de chegarem em casa. A avó, fez fotos da neta adormecida dentro do carro e em sua cadeirinha já em casa, uma vez que, por continuar a dormir, preferiram deixá-la onde estava. Na sequência, recebi um pequeno vídeo no qual a mãe perguntava para a filha aonde ela tinha ido naquela manhã e ela respondeu que esteve comigo. Depois, quando questionada sobre o que havíamos feito, ela disse: *"Bincou, bincou, bincou de neném"*. Para finalizar, a mãe perguntou como eu havia feito quando cuidei dela. Ato contínuo, a criança iniciou MBs em seus joelhos e depois em seus pezinhos. Ela, realmente, tinha participado do reprocessamento.

Alguns dias depois, recebi uma mensagem relatando que as noites de sono continuam estáveis e tranquilas, sem qualquer intercorrência. A menina havia retomado suas brincadeiras, estava mais descontraída, voltou a se ocupar daquilo que te fazia feliz.

Simultaneamente à sessão com a criança, seu pai foi reduzindo o número de viagens e quando precisava fazê-las, era em horário comercial. Dificilmente saía ou voltava para casa quando a filha estava dormindo. A proposta era que elas (as viagens) não acontecessem mais.

Levando em consideração os desdobramentos satisfatórios do atendimento da criança, acordamos que deixaríamos transcorrer mais tempo de observação e havendo necessidade, agendaríamos outra sessão.

O disparador no meio do caminho

Cerca de 15 dias após a trabalho com a criança, recebi um novo contato da mãe. Em virtude de uma demanda especial, o marido precisaria viajar novamente e ficaria fora por mais tempo. Por este motivo, conversaram com a criança e esclareceram sobre a eventualidade que havia surgido. A menina parecia ter compreendido racionalmente as explicações, mas emocionalmente a história chegou como um grande desafio. Após este episódio, as noites de sono voltaram a ser turbulentas e sofridas. Por este motivo, marcamos mais uma sessão. Como na primeira vez, a avó e a mãe acompanhariam a criança.

Fase 2: Preparação

No dia marcado, as recebi em meu consultório. Embora a criança tenha chegado no colo da mãe, atendeu ao meu pedido para descer um pouquinho e dar uma olhada nos brinquedos comigo. Antes de iniciarmos o trabalho, conseguimos fazer um breve momento lúdico no qual a menina, mais serena do que na primeira vez, se assentou e brincou um pouco. Aproveitei sua descontração e leveza para realizar alguns MBs em seus pezinhos fazendo a instalação deste estado emocional e corporal.

As cuidadoras foram instruídas sobre como trabalharíamos naquela sessão, além de terem sido lembradas da importância de estarem estáveis para que fosse possível prosseguirmos. Após checarmos a prontidão de cada uma delas, a mãe assentou a filha em seu colo e iniciei o trabalho para acessar o alvo.

Fase 3: Avaliação

Desta vez, a primeira parte do trabalho envolveu contar para a criança a história do ursinho que tinha medo do escuro. Nesta sessão, ele seria um dos meus ajudantes especiais. Com o livro em mãos, me assentei no chão bem próxima à menina e comecei a contar a história. Na narrativa, o ursinho contava ter tido um sonho na noite anterior, no qual as flores haviam virado estrelas, as árvores, grandes velas acesas e as gotas de chuva, estrelas brilhantes. E finaliza dizendo que, de uma hora para outra, as estrelas haviam se apagado, a floresta havia ficado escura e então, ele acordou e viu uma linda lua brilhando no céu. Tratava-se de uma história bem curtinha, escrita em um livrinho de tecido que brilha no escuro. O objetivo neste caso, foi introduzir o tema do sono e do medo, de uma maneira mais leve e divertida, numa linguagem que atendesse à compreensão da criança. Além deste fato, provavelmente, funcionaria como um aquecimento para acessar o alvo, além de um cuidado extra no que se refere à preparação. Durante o tempo em que compartilhei a historinha com a criança, conversei simultaneamente com ela e com o ursinho sobre como, às vezes, ficamos assustados e que é muito bom saber que, depois, tudo vai ficando bem outra vez.

Na sequência, calcei minha luva de ajudantes do Sítio do Picapau Amarelo e pedi que a mãe começasse a contar, para nós, incluindo o ursinho, o que havia acontecido e como a filha tinha ficado depois disto. O acesso ao alvo estava ganhando um reforço importante.

Fase 4: Dessensibilização

Tão logo a história tenha ganhado vez e voz por meio das palavras maternas, me dirigi ao ursinho iniciando os MBs visuais na frente dos seus olhinhos. Me assentei aos pés da mãe, ou seja, logo abaixo da criança e me coloquei em uma posição na qual ela podia ver tanto o urso e a luva de dedoches quanto os MBs. A dinâmica incluiu a narrativa da mãe, a realização dos movimentos visuais para o personagem, além da minha interação com ele. Enquanto a mãe contava sobre a nova viagem do pai e como a menina reagiu a este fato, fui realizando os movimento visuais na frente dos olhos do urso e dizendo a ele o quanto eu sentia por tudo aquilo estar acontecendo outra vez. Eu disse: "Ah, que pena ursinho, deve ter sido muito difícil ter o papai longe de novo. Será que você ficou com medo, sentiu saudades? Mas, não se preocupe, a mamãe, a vovó e eu vamos cuidar de você com carinho. Seu papai também vai continuar protegendo você, mesmo que tenha que viajar de vez em quando."

Repeti este acolhimento algumas vezes durante o relato do caso. Na medida que a história seguia, era possível perceber certo nível de relaxamento na criança. O reprocessamento com o ursinho seguia enquanto ouvíamos a história praticamente finalizada. De repente, a menina desceu do colo da mãe e se dirigiu para o armário de brinquedos, abriu a porta e começou a retirar alguns bebezinhos lá de dentro. Este foi o seu ponto nos informando que, para ela, estava suficiente. Provavelmente, o Dr. Sara Cura daquela criança havia reprocessado, por inteiro, o conteúdo disfuncional que estava presente no pacote de informações. Ele havia mastigado e digerido o restante do entulho emocional.

Fase 7: Fechamento

Visando fazer o fechamento daquela sessão, me assentei com a menina e brincamos por cerca de 10 minutos com os bebezinhos. Ela os aconchegava ternamente em um movimento de carinho, estava *cuidando* daquelas crianças.

A seguir, verificando a estabilidade da mãe e da avó, reforcei a importância de observarem a garotinha e de fazerem contato se fosse necessário.

Fase 8: Reavaliação

Após este atendimento, a mãe se comunicou comigo informando que a criança tinha restabelecido seu sono, apresentando um padrão regular de tranquilidade e segurança. Os dias estavam suaves, a sintomatologia anterior não havia aparecido de novo, ela estava em paz com a história. O seu Dr. Sara Cura, com seus dentes fortes, tinha realizado um trabalho muito especial.

Nesta mesma oportunidade, recebi um novo vídeo no qual a criança contava o que tínhamos feito em meu consultório enquanto reproduzia com perfeição, os movimentos visuais que foram oferecidos ao ursinho. Não havia dúvida, ele tinha emprestado seus olhinhos para que aquela criança, mantendo certo distanciamento da história disfuncional, pudesse acompanhar por si mesma os MBs e vivenciar o reprocessamento de forma completa.

Por *procuração*, havíamos constituído o urso como aquele que possibilitaria ao cérebro da criança, sem que isto fosse intenso demais para ela, ressignificar o conteúdo vivido. O ursinho havia entrado na história para conceder ao Dr. Sara Cura da menina plenos poderes para digerir, em definitivo, tudo aquilo que havia se tornado mal-adaptativo.

c. *Quando o corpo põe a boca no trombone: entrevistando
    a ferida e conhecendo a história que morava dentro*

O relato clínico ao qual se refere este caso, é relativo ao atendimento
de uma menina de 5 anos trazida à terapia pela mãe em virtude do
seu comportamento de exclusão para com o grupo de colegas da
escola. Em muitas circunstâncias, agia como se não precisasse dos
outros, demonstrando superioridade e vaidade, tendo muitas vezes
feito bullying com seus colegas, segundo o relato materno. Após o
reprocessamento das histórias traumáticas, que responderam pelo
surgimento e manutenção de tais comportamentos, demos vez e
voz à uma ferida aberta em seu rosto. A conexão com tal ferimento
possibilitou ao cérebro desta criança se reorganizar diante de um
contexto familiar turbulento e inconstante no qual o que se podia
esperar era o imprevisível, sempre.

Informações relevantes

Para que fiquem claras as bases nas quais o trabalho com este alvo
foi desenvolvido, algumas considerações se fazem fundamentais.
O contexto que compartilho com você, se refere exclusivamente à
uma história com dimensão somática impressa no rosto da criança.

A pequena paciente em questão, já havia trabalhado (sob os meus cuidados e com a terapia EMDR) todos os alvos definidos em seu plano de tratamento. Estes eram remanescentes de um contexto familiar cheio de altos e baixos, no qual a relação entre os pais apresentava características instáveis e assustadoras na maior parte do tempo.

Após a conclusão do trabalho, e como a ferida em seu rosto permanecia ali impassível, decidi incluir naquele processo mais um alvo que parecia conhecer outras versões a respeito daquela história.

Estruturando o trabalho com a terapia EMDR

Fase 1: História Clínica

No dia agendado, recebi a mãe da criança para a anamnese. Ela se mostrou bastante impactada com o comportamento da filha e muito entristecida por considerar que ela, uma menina amorosa, parecia ter desenvolvido uma casca dura para se proteger das pressões em casa. Esta realidade, estava extrapolando os muros do núcleo familiar e se estabelecendo em diversos contextos nos quais a menina se inseria. Afinal, se existe algo que o trauma sabe fazer bem-feito é cercear nosso livre arbítrio.

Relatou que a professora já havia sinalizado que ela não perdia tempo quando o assunto era se posicionar de forma superior em relação aos colegas. A impressão é que a garotinha mandava na sala de aula, parecia querer manter tudo sob o seu controle. Por este motivo, vinha perdendo os amigos já que o relacionamento estava em frequente desgaste por causa do seu jeito dominador.

Prosseguindo, foi complementando as informações sobre a sua filha, desde o sonho de tê-la, seu desenvolvimento como um todo, a primeira infância, adoecimento, o sono, a alimentação, pré-escola, interações familiares e sociais, até as situações atuais que a levaram a procurar ajuda profissional.

Mantendo em foco o perfil do terapeuta EMDR como um excelente detetive (sim, existe um Sherlock Holmes morando dentro de nós), fui em busca de possíveis eventos anteriores que pudessem responder pelo comportamento e sintomatologia apresentados pela paciente.

O protocolo de 3 Etapas nos permite transitar entre passado, presente e futuro, ampliando nossas possibilidades de fazermos a costura necessária para cuidar do tecido emocional dos nossos clientes. Então, quando o assunto é fazer o levantamento das informações que levaram ao desenvolvimento do (s) tema (s) que nos é apresentado para receber cuidados terapêuticos, o percurso deverá incluir o contexto temporal mencionado acima, inclusive com a própria criança, dependendo da sua idade e nível de compreensão. Sobre este aspecto, as conexões feitas pela mãe apontavam os conflitos perenes entre ela e o marido como os responsáveis por gerarem aquela história, mas não havia necessariamente um evento específico.

Em relação aos disparadores, foram relatadas discussões mais inflamadas após as quais a criança ficava bastante irritada, mais rígida, impaciente e muitas vezes introspectiva. A estes fatos, acrescentavam-se os momentos na sala de aula quando ela percebia que alguém se destacava diante da professora e da classe. Imediatamente, apresentava o comportamento de suplantar quem estava em evidência, tentando marcar sua presença, na medida em que se colocava na posição de ser vista. Muitas vezes, queria ocupar o lugar da professora.

Especificamente sobre a ferida na bochecha esquerda da menina, a mãe mencionou já terem feito uma peregrinação por diversos consultórios em busca de respostas. Já haviam consultado muitos profissionais, de diferentes especialidades médicas, e nenhuma justificativa clínica fora encontrada para a lesão. A criança já tinha feito uso de uma diversidade de medicamentos e nada havia funcionado. Apesar de tudo, a ferida continuava bastante avermelhada, liberando uma pequena quantidade de fluido amarelado que escorria por sua face. De acordo com a mãe, só faltava consultarem um oncologista.

A respeito do pai, este não se opunha diretamente ao tratamento, mas declarou achar desnecessário que ela o fizesse, não via razões para isto, acreditava que a criança estava bem da maneira como se encontrava. Ele não veio para a entrevista no início da terapia da filha, entretanto, participou de uma das sessões quando o processo já estava adiantado.

Recebi a paciente na semana seguinte ao meu encontro com a sua mãe. Eu estava diante de uma criança doce, atenciosa, interessada e cheia de entusiasmo, sua energia era contagiante. Embora tivesse, apenas, 5 anos, parecia ser bem amadurecida para a sua pouca idade, a impressão é que tinha vivido muitos anos em apenas 5. Conversava com desenvoltura e sabia exatamente o motivo pelo qual estava ali, suas respostas eram precisas. A sensação é que tal cronologia temporã a havia emancipado para que pudesse lidar com o contexto familiar intrincado do qual fazia parte, mas não sem consequências para ela.

Fazer o levantamento dos eventos a serem contabilizados em seu plano de tratamento, constituiu uma tarefa fluida. Ao que tudo indicava, os conflitos entre os cuidadores eram um ponto a ser cuidado, além de alguns eventos escolares. Quando questionada sobre a lesão em seu rosto, a criança comentou não se importar com o fato. Ainda assim, considerei-a como um possível alvo no plano de tratamento para o caso de, posteriormente, ser apropriado trabalhar com ela.

De forma clara, estávamos diante de um contexto no qual os pais amavam a filha, cuidavam e educavam com o melhor que tinham a oferecê-la. Todavia, seus conflitos pessoais e conjugais vinham deixando marcas traumáticas nas neuroredes daquela criança e os desdobramentos eram visíveis a olho nu. Sem dúvida, a história daquela menina se encaixava muito bem nos casos Tipo 2 (GOMEZ, 2014, p. 22), gerando um funcionamento condizente com o apego ambivalente. Era hora de arregaçar as mangas e começarmos o trabalho de desatar os nós deixados pelo trauma e construir os laços interativos para que aquela menina pudesse viver a sua infância como ela precisava e merecia, sendo apenas uma criança de 5 anos.

Para que o trabalho pudesse nos oferecer os melhores frutos possíveis, fiz o encaminhamento da mãe para realizar o seu próprio processo terapêutico. Desta forma, tanto ela quanto a filha iniciaram as sessões de EMDR simultaneamente. Estou certa de que a oportunidade de cuidar, ao mesmo tempo, das redes de memória mal-adaptativas em ambas, contribuiu de forma importante para os resultados alcançados.

Fase 2: Preparação

Como informado na contextualização deste caso, este seria o último alvo a ser reprocessado. Desta maneira, a fase 2 já havia sido realizada no início do tratamento, no que se refere não só à instalação de recursos em si, assim como ao esclarecimento e apresentação de todo o conteúdo relativo ao funcionamento da terapia EMDR.

Relativamente ao alvo em questão e já que o trabalho com o conteúdo do plano de tratamento tinha chegado ao fim, conversei com a mãe e com a criança sobre a importância de cuidarmos da ferida em seu rosto uma vez que todo sintoma se configura como um pedido de socorro. Ressaltei que a minha impressão era de que aquele ferimento tinha muita história para contar e seria importante deixar que ele nos apresentasse a sua versão dos fatos. Compartilhei com ambas a minha ideia de que, ao final daquele trabalho, muitas coisas se fechariam em definitivo. Com a devida autorização concedida pelas duas, deixamos a próxima sessão agendada para a semana seguinte.

Fase 3: Avaliação

No dia marcado, lá estávamos nós, a criança, a ferida e eu, além dos nossos 2 hemisférios cerebrais e todos os ajudantes que estariam ali para nos apoiar. Sem dúvida, éramos uma equipe e tanto. Assim, com todo este reforço à nossa disposição, ficaria mais fluido cuidar daquele conteúdo. Eu tinha a impressão de que aquela sessão arremataria tudo o que havia sido construído até ali.

Uma das coisas que mais me encanta na terapia EMDR é a quantidade de caminhos que ela nos oferece para prosseguirmos. Por exemplo, em relação à Avaliação, para acessarmos o alvo, muitas vezes, precisaremos trabalhar com um ICES incompleto, dependendo do quanto os aspectos da lembrança estiverem acessíveis para o paciente. Shapiro (2020) destacou que toda memória traumática é fragmentada, ou seja, será armazenada em neuroredes contendo frações do conteúdo relativo ao evento em si. Ficará desta maneira, com o pacote de informações estático, até que a sua reconexão ocorra via reprocessamento. Neste pacote estão presentes imagens, crenças, emoções e sensações. No caso desta sessão, a lesão na face esquerda da criança era, em si mesma, o portal que nos permitiria acessar o conteúdo disfuncional mantido em aprendizagem dependente de estado. Ao nos direcionarmos a ela para acessar o alvo, nos foram oferecidas sensações desconfortáveis. Esta foi a nossa entrada, um caminho direto que nos levou ao conteúdo mal-adaptativo que estava causando tantos danos àquela garotinha. A lesão seria a nossa entrevistada, assim, nos dirigimos diretamente a ela e às sensações já que o cérebro se abriu para ser cuidado por aquele local.

Então, era hora de começarmos a abrir a Caixa de Pandora. Comecei dizendo para a criança que feridas podem ser tagarelas, falarem pelos cotovelos sobre dores emocionais. Prossegui informando que as feridas têm uma boquinha que fala muito e que nós estávamos ali para escutar o que ela tinha a nos dizer e que, naquele encontro, nós chegaríamos bem pertinho para ouvir o que ela iria nos contar. Continuando, eu disse que o Dr. Sara Cura sabe ver coisas que nós, às vezes, não enxergamos, porque ele tem óculos especiais de ver por dentro. Naquele ponto, ela já estava completamente interessada em conhecer o que estava por vir. Assim, já que estávamos ali para isto, mãos à obra.

Na sequência eu informei: "Agora, eu vou pegar o meu microfone e vou colocá-lo bem pertinho desta ferida para podermos escutar o que ela tem para nos contar. Imediatamente a minha pequena paciente me disse: eu não sei o que a boquinha está falando." Continuei: "Mas o seu Dr. Sara Cura sabe e eu sou especialista em escutar o que essas boquinhas dizem, essa aqui, parece estar chorando, acho que isso tudo está doendo muito". E ela, comunicativa como era, completou: "Você é doida demais, eu vou deixar ela usar a minha boca, mas não sou eu que estou falando."

Fase 4 – Dessensibilização

Uma vez que o alvo já havia sido acessado, continuei: "Tá bom, deixe ela (a ferida) usar a sua boca e falar aqui no meu microfone enquanto você segue o meu ajudante (o dedoche que a criança havia escolhido para acompanhá-la naquela sessão)".

O que se seguiu foi o desenrolar de uma narrativa repleta de medos, angústia, incertezas e desamparo, diante de uma história intensa de discussões acaloradas, ruidosas, cheias de muito movimento e que pareciam durar uma eternidade. Em virtude da frequência e da intensidade daquele contexto, o hemisfério esquerdo daquela garotinha buscava analisar friamente o porquê daqueles excessos, o que supostamente explicaria sua capacidade de compreender de maneira tão racional tantas coisas. Já o seu hemisfério direito, ficava apavorado com o que poderia acontecer com ela mesma diante de tantos arroubos e assim, foi armazenando de forma fragmentada todas as sensações e emoções para que ela pudesse continuar a viver.

Durante o tempo que durou a narrativa daquela história, os MBs seguiram sendo oferecidos à criança até que o momento em que ela colocou o seu ponto final em tudo aquilo. Em seguida, ela me disse: "Pronto, ela já contou tudo".

Fase 7 – Fechamento

Como o paciente precisa finalizar o atendimento com os dois pés no presente, o fechamento é uma condição indispensável ao final de qualquer sessão de EMDR, seja ela completa ou incompleta.

Para oferecer um encerramento de sessão divertido e agradável, fizemos uso da estratégia do capacete da emoção saudável que será compartilhada com você no capítulo 3, item G que se refere, exclusivamente, aos procedimentos de Fechamento.

Tão logo a minha paciente demonstrou estar completamente estabilizada e tranquila para voltar para casa, fiz um combinado com ela e com a sua mãe. Pedi que ficassem atentas a qualquer coisa que surgisse e fizessem contato se fosse necessário. Ressaltei que ligaria ao longo da semana para verificar como ela estava seguindo e que, se fosse necessário, marcaríamos mais uma sessão.

Fase 8 – Reavaliação

Ao final daquela semana, entrei em contato com a mãe e ela informou que a ferida havia mudado de aspecto, estava menos avermelhada e era possível perceber a ausência da secreção. Sobre sua filha, estava feliz, mais tranquila e se relacionando como o entorno de forma leve.

No próximo contato, na semana seguinte, os desdobramentos estavam ainda mais saudáveis. A ferida apresentava um tom mais próximo ao da coloração da pele, a secreção não havia surgido mais, a sensação de incômodo já não estava presente e o processo de cicatrização seguia bem avançado.

Em mais uma conversa com a mãe, cerca de um mês depois, ela relatou 100% de cicatrização, sem a presença de nenhum outro aspecto que denotasse adoecimento. O que havia acontecido àquela criança tinha ficado no passado, o que restava era uma pequena cicatriz nos informando que ela era muito maior do aquilo que viveu. A marca presente em seu rosto era uma lembrança de dias que tinham sido difíceis, mas que não precisavam adoecê-la mais. A terapia EMDR não é uma borracha, não apaga o que aconteceu, mas nos permite lidar com a realidade do passado a partir de uma nova perspectiva.

O reprocessamento da lembrança disfuncional e dolorida vivenciada por aquela criança tinha devolvido a ela o direito de se reconectar com o poderia ser suave, agradável e feliz. Afinal, dizer que o trauma foi curado se refere à realidade de que ele não nos controla mais.

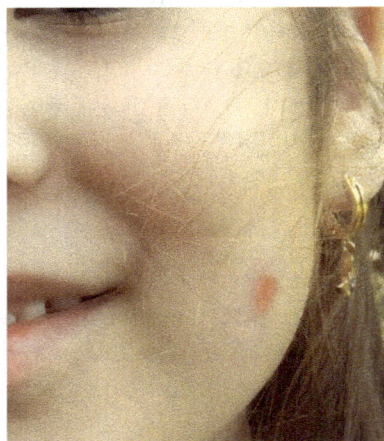

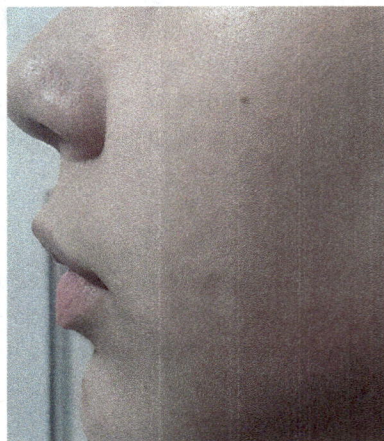

Da esquerda para a direita, antes do reprocessamento e após o reprocessamento.

E. Fase 5 — Instalação: mergulhando nas redes adaptativas de memória, religando o fio solto à circuitaria positiva

A Fase de Instalação da terapia EMDR tem como principal objetivo vincular a história antes disfuncional, que foi reprocessada, às redes positivas de memória. Assim, pode-se afirmar que a meta para esta fase é "[...] a completa assimilação da nova crença positiva 'sentida'. Amplificar e elevar a força da crença positiva e aumentar o acesso às redes de memória adaptativas e positivas." (GOMEZ, 2014, p. 251).

Para tornar o trabalho de conexão com a CP mais divertido para a criança, quando chegamos na fase 5, digo que vamos dar um bom mergulho no que ela pensa de bom sobre si mesma.

1. Verificando se a CP mudou ou permanece a mesma

Pode-se dizer: "Imagine que somos mergulhadores em busca de tesouros e vamos encontrá-los numa piscina de pensamentos bons, combinado? Então, quando você pensa naquela história agora e naqueles pensamentos positivos, gostosos e especiais sobre você mesmo (vamos repetir a CP da criança) e se imagina dando um mergulho nesses pensamentos gostosos e especiais que estão dentro da piscina, aquele pensamento bom ainda vale ou você encontrou outro melhor nesse mergulho?" Costumo mostrar o cartão com a CP que a criança escolheu e deixo os demais ao lado para o caso de a crença positiva ter mudado.

2. Medindo o VoC

Costumo dizer: "Agora, naquela reguinha que vai de 1 a 7, sendo 1 complemente falso, fraco e 7 completamente verdadeiro e forte, o quanto você sente que esses pensamentos bons (repetir a CP) são verdadeiros agora?" Precisamos manter próximo da criança, a régua, o emborrachado ou mesmo as outras escalas de medida que foram apresentadas a ela anteriormente na Fase 3.

Feita a medida do quanto ela percebe que a CP é verdadeira, seguimos para a sua instalação.

3. Instalando (vinculando) a CP

Como ainda estamos em fase de reprocessamento, a velocidade dos MBs, que serão usados para instalar a CP, será a mesma da Fase 4.

No próximo passo, vamos dizer para a criança: "Agora, quero pedir a você que pense naquela história da qual estamos cuidando e nos pensamentos positivos (repetir a CP escolhida) e siga "x" (o ajudante escolhido), imaginando que vocês estão mergulhando na piscina de pensamentos bons e gostosos." Vamos trabalhar até que o VoC seja 7 ou no mínimo um 6 adaptativo, até que o Dr. Sara Cura tenha mastigado e digerido todo o dia ruim e seus desdobramentos.

F. Fase 6 — Checagem Corporal: conversando com o fiel escudeiro, utilizando o corpo para nos contar a história

A terapia EMDR é um tratamento orientado para o corpo, sendo que a cura de um trauma somente é considerada completa quando se atinge o sistema em seus níveis fisiológico, neurológico e psicológico Para Grand, "uma checagem corporal limpa constitui critério essencial na determinação da conclusão de um protocolo de tratamento" (GRAND, 1999, p. 55). O corpo estava lá quando o trauma aconteceu e por isto ele narra uma boa parte da história. Segundo Shapiro, a Fase 6 "é uma fase importante e pode revelar áreas de tensão ou de resistência que se encontravam anteriormente ocultas." (2001, p. 109).

Uma informação importante para nós EMDRistas se refere ao fato de que não se pode fazer o escaneamento do corpo no final da sessão. A explicação é simples, ele pode estar guardando parte das vivências traumáticas e, em virtude disso, pode haver resíduos disfuncionais para serem trabalhados, visto que a Fase 6 também é fase de reprocessamento. Assim, não se pode correr o risco de ativar uma possível perturbação emocional e não a reprocessar, no caso de estarmos em final de sessão.

Quando fazemos a checagem corporal com o nosso pequeno paciente, podemos usar sua própria mãozinha para funcionar como um detector de desconforto, a lupa, o tambor oceânico, um apito, um microfone, dentre outras possibilidades. O importante é orientá-lo no sentido que o corpo sempre nos conta uma história e se houver algo para ser informado, aquele é o momento.

Costumo dizer: "Já te contei que o nosso corpo é tagarela, ele fala muito, por isto agora, nós vamos fazer uma entrevista com ele, dentro e fora de você. Pegue o detector de sentimentos (a criança escolhe o seu preferido), feche seus olhos e abra-os para dentro de você e agora pense naquela história naquele dia difícil que o Dr. Sara Cura mastigou e digeriu, pense nos pensamentos positivos (repetir a CP) e pesquise o seu corpo do fio do cabelo até o dedão do pé e me diga se encontrou qualquer coisa chata ou desconfortável".

Caso a criança relate desconforto, vamos seguir com o reprocessamento até que o seu corpo não apresente mais incômodo.

A Fase 6 será considerada completa quando não houver mais perturbação corporal.

G. Fase 7 — Fechamento: guardando as histórias nas caixas, desativando a atenção dual

Para que a criança possa deixar o consultório bem estabilizada, dentro da sua Janela de Tolerância, é imprescindível fazer o fechamento da sessão. Independente de termos chegado a uma sessão completa (Fase 4: SUDS 0; Fase 5: VoC 7 e Fase 6: corpo sem perturbação) ou não, o fechamento deve ser realizado, sem exceção. O procedimento garante a descontinuidade do reprocessamento, favorecendo a estabilização emocional da criança e o seu equilíbrio interno.

Sobre este fato, Gomez faz as considerações que se seguem:

> Auxiliar as crianças a atingirem o equilíbrio emocional e psicológico após cada sessão de reprocessamento, bem como, assegurar sua estabilidade geral são objetivos fundamentais da fase de fechamento da terapia EMDR. Garantir o equilíbrio e a homeostase no sistema da criança, após cada sessão da terapia EMDR e na conclusão do tratamento são também objetivos importantes da fase de fechamento (2014, p. 254).

Para que possamos garantir um trabalho de qualidade nesta fase, é importante finalizar o reprocessamento cerca de 10, 15 minutos antes do final da sessão (GOMEZ, 2014, p. 254). Com crianças, é fundamental termos tempo hábil para usar sua imaginação e criatividade em seu favor e, muitas vezes, essa estratégia demanda prazo para cumprir fielmente o seu papel.

No manejo clássico da terapia EMDR, temos procedimentos específicos para fazer o fechamento da *sessão completa*, da *sessão incompleta* e um geral para *todas as sessões*, que se soma aos demais como uma forma de consolidar o trabalho já estabelecido. O fechamento para todas as sessões, deverá ser utilizado na sequência dos mencionados anteriormente para concluir o processo.

Em minha prática clínica, tenho buscado trazer para o final das sessões um aporte de recursos suficientes para permitir um bom nível de homeostase para o sistema emocional da criança. Quanto mais tranquila, em paz e estabilizada ela estiver, maior a sua habilidade para lidar com as questões que acaso, possam surgir até o próximo atendimento. Assim, sigo um padrão bem próximo para o fechamento das sessões tanto completas quanto incompletas. O que precisa ser garantido para esses dois tipos de sessões será, sempre, o nível de estabilização da criança para que ela saia do consultório bem-estruturada emocionalmente.

Para o caso da sessão incompleta, o trabalho de fechamento deve ser mais contundente, oferecendo à criança o quanto de recurso ela necessitar para se estabilizar. Nestes casos, nem sempre somente o Lugar Seguro será suficiente para promover este papel. Em sua maioria, quando o paciente finaliza o trabalho com uma sessão completa, podemos inferir que suficiente reprocessamento foi alcançado naquele atendimento. Assim, é provável que apenas um recurso para a mudança de estado já seja o bastante.

Um ponto que precisa ser considerado é que para os casos em que as sessões forem incompletas, a criança precisa ser informada de que o tempo está acabando e que vamos precisar deixar o restante para ser trabalhado no próximo encontro. Isto posto, faço uso das estratégias a seguir com crianças que já têm um nível de compreensão mais apurado. Lembre-se de considerar ainda, o nível de desenvolvimento e a necessidade apresentada pela criança quando for definir a melhor maneira de fechar as sessões. Com as mais novinhas, e que necessitam de um pouco mais de entendimento e explicação, uso recursos bastante lúdicos e acessíveis a elas, os quais descrevo na sequência das estratégias padrão.

1. Instruções para fechar sessões incompletas

Vamos dizer para a criança: "Nosso tempo está acabando e por isso vamos precisar deixar algumas coisas para serem trabalhadas na sua próxima sessão. Quero que saiba que fiquei muito orgulhosa do trabalho nota 10 que você e o seu Dr. Sara Cura fizeram hoje. Me conte o que aprendeu de bom sobre você hoje."

Vamos focar no que a criança percebeu de positivo sobre si, mantendo uma breve conversa para trazermos o hemisfério esquerdo para aquele momento da sessão com o intuito de encerrar, por completo, a atenção dual. O paciente precisa sair da sessão com os dois pés no presente, este é um dos motivos pelo qual usamos tal estratégia. E na sequência, prosseguimos: "Agora, quero pedir para você fechar seus olhos, pense naquele seu lugar especial e se imagine mergulhando nele. Perceba as coisas especiais que você encontra aí dentro (vamos repetir para a criança as características positivas do seu lugar seguro, incluindo a palavra-chave com a qual o batizou) e observe como você pode ir se sentindo bem protegido. Fique aí um pouquinho e quando estiver suficiente para você, abra os seus olhos."

Sendo necessário, deve-se acrescentar um exercício de respiração, por exemplo (consulte a Fase 2).

2. Instruções para fechar sessões completas

Para fazer o fechamento de uma sessão completa, costumo fazer uso das mesmas estratégias utilizadas para fechar uma sessão incompleta com alguns ajustes apenas. Por exemplo, vamos dizer para a criança: "Estou encantada com o ótimo trabalho que você e o seu Dr. Sara Cura fizeram hoje, parabéns. O que percebeu de importante sobre você hoje? Agora, quero pedir para você fechar seus olhos um minutinho, pense naquele seu lugar especial e se imagine mergulhando nele. Fique aí um pouquinho e quando estiver suficiente para você, abra os seus olhos."

Mesmo que tenhamos finalizado com uma sessão completa, peço que a criança visite seu lugar seguro para que ela aprenda a lançar mão dele quando tiver vontade ou for necessário. Essa estratégia cria uma âncora entre o mundo externo e os recursos internos.

3. Instruções para fechar todas as sessões

Visando garantir suficiente encerramento, podemos dizer para a criança: "O seu Dr. Sara Cura começou a mastigar e a digerir todas aquelas coisas que aconteceram no dia chato e ele só vai parar quando tiver mastigado tudo mesmo e chegado à estação da cura com o trem do reprocessamento. Por isso, pode ser que você se lembre de outras coisas, tenha sonhos, sentimentos e pensamentos a qualquer momento. Caso isso aconteça, você pode fazer um diário de bordo do viajante do trem e anotar o que surgiu ou mesmo desenhar." Continue: "Na sua próxima sessão, vamos conversar sobre isso combinado? Se você precisar, lembre-se de usar os recursos poderosos que construímos aqui. Qualquer coisa que precisar, fale com o papai, com a mamãe (ou o cuidador no qual a criança confiar) ou peça a eles para falarem comigo."

Para além das diretrizes de fechamento já apresentadas, e visando tornar essa fase mais concreta para a criança (por isso os recursos a seguir são tão especiais e eficazes para as mais novas), podemos lançar mão de outras estratégias.

É importante ressaltar que, os recursos listados a seguir, devem ser instalados na Fase 2.

4. A sombrinha mágica

Para fazer este exercício, utilizo uma sobrinha de frevo, com fitas longas e coloridas amarradas em cada haste desta. O objetivo é construir uma cobertura protetora e divertida para que a criança ao estar debaixo dela, se sinta confortável e feliz.

Vamos reforçar com a criança que o recurso em si gera proteção e acolhimento. E então dizemos: "Que tal se você pudesse ficar embaixo desta sombrinha mágica agora? Imagine que ela é forte o suficiente para fazer você se sentir protegida e em segurança. Você pode levar com você um dos ajudantes da nossa equipe de trabalho, quem pode ser?"

Assim que a criança escolhe (essa escolha é opcional) continuamos: "Agora, eu gostaria que você imaginasse que esta sombrinha mágica pode te oferecer uma força valiosa, qual seria? Coragem, tranquilidade, alegria, amor, rapidez?" Assim que o cliente nos relata a sua escolha, pedimos que ele (a) se concentre no que sente de especial quando está embaixo da sombrinha ganhando aquela força e vá respirando até que esteja confortável para ele (a).

5. A oração do coração

Outra possibilidade da qual podemos lançar mão é a oração do coração. Podemos dizer à criança: "Agora eu quero pedir que você coloque a mão no seu coração, sinta como ele bate e me diga qual o barulho que ele faz." Assim que a criança responde, vamos imitar com ela a onomatopeia produzida: "É tumtum, tumtum, tumtum ou bum, bum, bum igual a um tambor? Agora mantenha sua mão nesse lugar, feche seus olhinhos e imagine que esse (repetir a onomatopeia) vai espalhando cores, lembranças engraçadas, divertidas e especiais e sinta essa energia percorrendo todo o seu corpo e criando um escudo protetor e colorido ao seu redor. Só abra seus olhinhos quando sentir que já está bom para você."

6. O capacete da emoção saudável

Para construir esse recurso valioso, vamos utilizar um capacete real. Vamos pedir à criança que escolha qual é a força que ela quer levar por onde for para ser protegida: alegria, proteção, esperança, calma, bom humor, acolhimento, amor. Assim que tivermos a resposta, vamos dizer para a criança: "Agora, imagine que esse poder que você escolheu, está presente neste capacete e que está entrando pela sua cabeça agora e descendo por todo o seu corpo. Veja como é sentir "x" (repetir a força escolhida pela criança) percorrendo você do fio do cabelo até o dedão do pé. Já sentiu a sua força viajando dentro de você, te protegendo como se fosse um abraço gostoso?"

Quando a criança validar a experiência, continuamos, dizendo: "Agora, você vai retirar esse capacete e imaginar outro do jeitinho que você quer, com a cor que você desejar e do formato que você quiser. Imagine que esta força que está no seu corpo vai subir e entrar no seu novo capacete, deixando-o cheinho de "x" (repetir o recurso escolhido pela criança) agora. Quando isso tiver acontecido, me dê um sinal." Após a sinalização da criança, continuamos: "Observe como é especial e protetor sentir esse 'x' (mencione o recurso escolhido pela criança mais uma vez), e perceba como você pode ir ficando cada vez mais tranquilo e confortável à medida em que faz contato com x. Quando estiver bom para você, abra seus olhos."

7. As caixas divertidas

Para auxiliar as crianças no fechamento da sessão, um recurso bastante eficaz se refere ao uso de caixas. Elas podem ter diversos tamanhos, formas, cores, padrões e encantam muito aos pequenos clientes. Além de oferecerem uma perspectiva divertida ao processo, podem ser fechadas de maneira concreta, fortalecendo a ideia de que aquilo (o conteúdo que está sendo trabalhado) está contido e bem guardado. É como se a criança dissesse: "Pronto, isso não vai me acompanhar. Podemos dizer para a criança: quero que você escolha a caixa da sua preferência. Pronto, você pode abrir a sua caixa agora. Veja que ela tem paredes firmes e fortes e podem guardar aí dentro qualquer coisa que pudesse te incomodar. Imagine que aquilo que trabalhamos na sessão de hoje pode ser colocado aí dentro agora e o seu Dr. Sara Cura vai continuar mastigando e digerindo isto enquanto você vai para a escola, enquanto faz as suas refeições, enquanto brinca, toma seu banho, dorme e sonha. Quando voltar na próxima sessão, as coisas já poderão estar bem diferentes, o seu Dr. Sara Cura vai continuar o trabalho que fizemos aqui hoje. Veja como é especial poder deixar aquelas coisas ruins aí dentro. Observe você colocando essas coisas aí e perceba como pode se sentir leve e segura agora." Quando a criança relatar sensações, emoções ou pensamentos positivos será hora de encerrar este fechamento.

8. As 3 Marias

As 3 Marias ou bonecas vietnamitas são uma maneira muito especial de oferecer um fechamento consistente para a sessão realizada. A lenda conta que estas bonequinhas podem ajudar quando a pessoa estiver passando por alguma dificuldade. Elas são três e se chamam: Confusão, Solidão e Solução. Para contar com o auxílio destas bonequinhas, a tradição diz que antes de dormir, deve-se retirar uma delas da caixinha para contar a ela sobre a sua dificuldade. Feito isso, recoloca-se a bonequinha na caixa e elas vão tentar solucionar o que está incomodando da melhor maneira enquanto a pessoa dorme.

Para realizar a Fase de Fechamento com as 3 Marias, eu as apresento para a criança e digo: "Veja só, estas são as minhas amiguinhas Confusão, Solidão e Solução, elas têm poderes especiais e podem nos ajudar a vencer as dificuldades." Continuando: "A Confusão representa aquilo que nos aconteceu e que não foi bom, a Solidão representa a maneira como nos sentimos sozinhos quando coisas ruins nos acontecem, já a Solução nos mostra como as histórias difíceis podem ser resolvidas, ela tem uma maneira muito especial para cuidar disto. Para que elas possam ajudar você faça o seguinte, diga rapidamente para a Confusão o que ainda resta de ruim daquele dia difícil que nós trabalhamos hoje. Ela vai dividir um pouco das coisas com a Solidão, que não vai mais se sentir sozinha já que pode contar com as outras duas amigas.

Logo depois, a Solução vai ensinar para as duas como é que elas 3 podem ajudar a resolver tudo isto. Quando você estiver pronto para contar para elas, é só me dizer que eu ficarei aqui pertinho de você."

Quando a criança diz estar pronta, ofereço as bonequinhas e o processo segue como havíamos combinado. Realizado, a criança entregou para as 3 Marias o que restava do tema disfuncional, agora elas podem começar o seu trabalho de resolução. Para garantir um fechamento mais seguro ainda, podemos pedir que ela fique um pouco no seu Lugar Seguro.

H.   Fase 8 — Reavaliação: Sherlock volta ao trabalho, retomando o processo e definindo o alvo

A Fase de Reavaliação ou Seguimento nos informa o quanto a integração e a transmutação do material disfuncional ocorreram de maneira apropriada. "Além disso, garante que todos os alvos relevantes e o material associado foram reprocessados e que todos os elementos do plano de tratamento foram seguidos para a conclusão." (GOMEZ, 2014, p. 256).

A cada vez que o cliente retorna para a próxima sessão, será na Fase 8 que retomaremos o trabalho, para o caso de estarmos lidando com o alvo em aberto, independente do fechamento ter sido de uma sessão completa ou incompleta. Informações valiosas também podem ser oferecidas pelos cuidadores. Por meio da reavaliação do alvo trabalhado na sessão anterior, o terapeuta EMDR consegue analisar qual a qualidade e a profundidade do reprocessamento realizado. A partir deste ponto, havendo qualquer nível de perturbação, o reprocessamento do alvo específico deverá ser retomado, por quantas sessões forem necessárias, até que tenhamos finalizado o trabalho na íntegra tendo inclusive, reprocessado os disparadores (se houver SUDS para estes) e realizado a Projeção para o Futuro em relação ao tema. Estando o trabalho com o alvo completo, vamos passar ao próximo alvo do Plano de Tratamento, se este for o caso, ou cuidar do processo de alta do nosso pequeno cliente.

1. Reavaliando o alvo – Sherlock entra em cena mais uma vez

Depois de conversarmos com a criança sobre como passou sua semana, o que fez, do que brincou, como esteve em casa com os cuidadores e outras pessoas de sua convivência, como foi na escola, como se sentiu, é hora de reavaliarmos o alvo. Podemos dizer para ela: "Você se lembra com o que trabalhamos na semana passada?" Caso ela não se lembre, podemos dar uma pequena pista: "Aquela história com o seu amigo". Quando a criança estiver em contato com o alvo, prosseguimos. "Agora, coloque o chapéu de Sherlock Holmes e vamos atrás das pistas. Use o microfone, a lupa, o tambor oceânico ou olhe para esse desenho (a criança vai escolher uma dessas opções para "examinar" o quanto o reprocessamento foi efetivo). Então, quando você volta a pensar naquilo que aconteceu, o que você percebe?" A partir da resposta da criança, vamos decidir qual o próximo passo a ser dado. Havendo qualquer perturbação em relação ao alvo que está sendo reavaliado, o terapeuta deverá retomar o seu reprocessamento. Vamos pedir que a criança foque na história trabalhada na sessão anterior ou que desenhe o seu remanescente. A partir daí, vamos medir o nível de desconforto (SUDS), verificar onde a criança sente esse desconforto no seu corpo e seguir com o reprocessamento.

Caso o alvo tenha sido completamente reprocessado (SUDS = 0, VoC = 7 e Checagem Corporal com o corpo sem perturbação) é hora de seguirmos para a verificação dos disparadores, levando em consideração o Protocolo de 3 Etapas. Finalizado o trabalho com os disparadores (se for o caso), seguimos para a Projeção para o Futuro. Chegou a hora da criança se imaginar lidando de maneira funcional e adaptativa com o que foi mastigado e digerido pelo Dr. Sara Cura.'

A *Árvore de Decisão do Plano de Tratamento*, conforme apresentado a seguir (páginas 138 e 139), ilustra de maneira clara a sequência do trabalho com o alvo.

I. Projeção para o Futuro: luz, câmera, ação, claquete

A projeção para o futuro é desenvolvida para estimular a habilidade da criança no que se refere a utilizar novos recursos no futuro, praticar novas habilidades e responder, adaptativamente, aos estímulos disparadores do passado (GOMEZ, 2014, p. 260). De acordo com Shapiro: "um molde positivo para o futuro [...] ajudará a incorporar ações apropriadas." (2007, p. 281).

O principal objetivo da estratégia em destaque é, como em um filme que nos permite assistir a um final agradável da história, ampliar a capacidade da criança para responder de forma funcional no futuro, aos eventos que antes a perturbavam.

Vamos esclarecer para o nosso pequeno cliente que, agora que ele e os ajudantes da sua valiosa equipe de trabalho conseguiram mastigar e digerir toda a história do dia difícil, chegou a hora de assistir ao filme de como isso acabou bem. Costumo dizer: "Você será um importante diretor de cinema agora e, ao mesmo tempo, o ator (a atriz) mais importante de Hollywood, a terra dos filmes. Essa é a minha claquete, uma peça muito especial quando vamos fazer um filme. Aqui vou escrever o seu nome, o filme que você vai imaginar e quando estiver pronto para rodar, vou bater a claquete para que o filme comece no seu Dr. Sara Cura. Você imagina e ele roda o filme enquanto você pode dizer as suas palavras positivas (o terapeuta repete a CP da criança) e eu faço os movimentos que você já conhece. Pronto? Vamos lá."

A partir deste momento, acompanhamos a sequência do vídeo do nosso cliente. Caso surja alguma perturbação vamos reprocessá-la, pois embora a Projeção para o Futuro não seja fase de reprocessamento, é mais um tempo para reprocessar.

Uma variação desta estratégia pode acontecer com a criança fantasiada como queira, enquanto roda o seu filme e nós terapeutas, fazemos os MBs até que o rolo de filme chegue ao fim.

Mais uma alternativa inclui, por exemplo, a criança fazer um *desenho solução*, imaginando como toda a história se resolveu e ela lidando de maneira segura e confortável com a questão. Este desenho será um molde a partir do qual a criança vai imaginar o seu filme. Os MBs, assim como a conexão com a CP, sempre acompanharão a passagem do filme.

Outra maneira que me agrada consideravelmente, se refere ao fato de solicitarmos ao cliente que imagine um astronauta vindo do futuro para nos contar uma história de superação, de como as coisas se resolveram de forma segura e feliz. Podemos pedir que a criança desenhe esse encontro ou simplesmente passe um vídeo sobre ele enquanto fazemos os movimentos bilaterais e ela repete a sua crença positiva.

Além disto, usar uma bola de cristal com a criança imaginando estar vendo a história resolvida e nos contando ao que assiste, enquanto fazemos os MB e ela repete a sua CP, é mais uma estratégia.

ÁRVORE DE DECISÃO DO PLANO DE TRATAMENTO

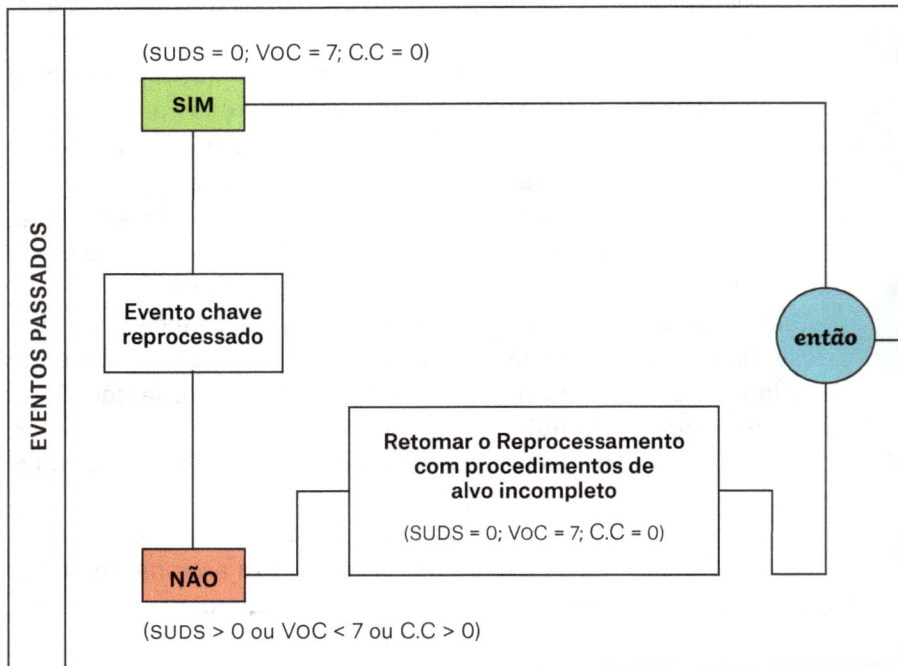

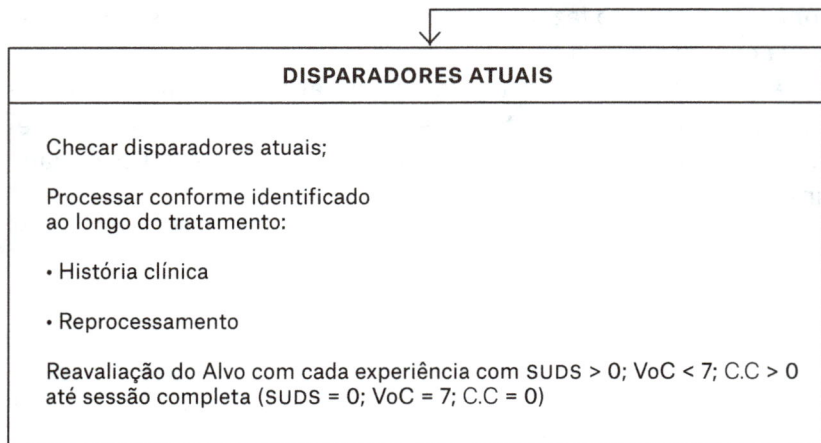

EVENTOS PASSADOS

(SUDS = 0; VoC = 7; C.C = 0)

SIM

Evento chave reprocessado

então

Retomar o Reprocessamento com procedimentos de alvo incompleto

(SUDS = 0; VoC = 7; C.C = 0)

NÃO

(SUDS > 0 ou VoC < 7 ou C.C > 0)

DISPARADORES ATUAIS

Checar disparadores atuais;

Processar conforme identificado ao longo do tratamento:

• História clínica

• Reprocessamento

Reavaliação do Alvo com cada experiência com SUDS > 0; VoC < 7; C.C > 0 até sessão completa (SUDS = 0; VoC = 7; C.C = 0)

**Conferir outros eventos passados
no Plano de Tratamento**

Experiências Adicionais podem ser identificadas
ao longo do tratamento durante:

• História Clínica

• Reprocessamento

• Reavaliação

Tornar Alvo cada experiência com SUDS > 0; VoC < 7
até completar SUDS = 0; VoC = 7; C.C = 0

INSTALAR PROJEÇÃO PARA O FUTURO

Para cada disparador atual resolvido

Respostas Desejadas

Situações de Solução de Problemas

Fonte: Manual de EMDR – EMDR Treinamento e Consultoria (2019)

O processo de alta: preparando o voo, construindo as asas

Quando recebemos os pais e na sequência, a criança, desenvolvemos um mapa que nos possibilita caminhar pelo território emocional do nosso pequeno cliente. Por meio deste mapa, vamos traçando as coordenadas que utilizaremos para sondar o terreno instável do trauma, compreender a história de perto e a partir daí, empreender um trabalho de resgate, possibilitando à criança reescrever sua jornada em direção a um destino saudável, seguro e feliz. Além disto, visitamos coordenadas que nos permitem chegar também, aos celeiros de recursos nos quais encontramos matrizes para alicerçar o caminho do nosso paciente. Nessa viagem, trabalhar em equipe (incluindo os ajudantes internos e externos) nos possibilita manusear a bússola terapêutica com mais segurança e assertividade, favorecendo um processo mais sólido e promissor.

À medida em que o trabalho avança, as coordenadas vão sendo checadas, uma após a outra, e é possível ir acompanhando a reestruturação daquele endereço emocional. Na sequência, vamos nos aproximando da estação da cura, a coordenada de destino. Nesta parte do trabalho, avistamos os horizontes do processo de alta, visto que o conteúdo trazido para ser cuidado, digerido e reprocessado está chegando ao fim.

Esta etapa do processo não compõe a metodologia clássica da terapia EMDR. Todavia, quando cuidamos de crianças, a oferta de um recurso extra é sempre providencial e bem-vinda para alicerçar um pouco mais a parceria que foi construída, toda a conquista realizada, o valioso trabalho desenvolvido pelo próprio paciente, assim como para fechar com chave de ouro o legado conquistado.

Antes de finalizar o processo, enquanto acompanhamos o progresso da criança, precisamos ir sinalizando a cada avanço no território, para que ela compreenda que o trem do reprocessamento está terminado a sua viagem. Neste sentido, os pais também são informados sobre tal condução, num processo que visa, dentre outros objetivos, comunicar a conclusão da terapia.

Costumo dizer para criança: "O trem do reprocessamento está viajando mais rápido agora que os trilhos estão livres, sem estragos e com a manutenção em dia. O seu Dr. Sara Cura está trabalhando muito bem e você está sendo conduzido com segurança e proteção e, já que ele é seu, você está cada vez mais no controle dessa viagem. Quero informar a você, Sr. Passageiro, que o trem do reprocessamento está cada vez mais próximo da estação da cura e que em breve, vamos desembarcar. É provável que com mais uma ou duas viagens vamos chegar ao nosso destino. Quero dizer o quanto estou orgulhosa da sua coragem e força, você tem sido incrível."

No próximo encontro, usamos a amarelinha do processo de alta e vamos checando o quanto a criança acredita que as histórias trabalhadas estão resolvidas. Esta amarelinha pode ser desenhada em uma folha, feita com emborrachado numerado ou marcada no chão com fita crepe ou giz (nada que um pano úmido não apague em instantes). Ela vai de 0 a 10 onde 0 é nada resolvido e 10 é totalmente solucionado. Vamos apresentar o (s) tema (s) reprocessado (s) e pedir que a criança nos mostre o quanto aquela história ficou resolvida. Ela vai escolher o número que indique o nível de resolução e por meio dessa estratégia, vamos fazendo mais uma verificação lúdica e reveladora. Esta dimensão de compreensão, vinda inclusive da conferência da própria criança, nos assegura um resultado concreto, não deixando espaço para dúvidas.

Prosseguindo, informo: "Veja só o quanto você e a sua equipe de ajudantes realizaram um trabalho espetacular, que viagem incrível nós fizemos. Agora, que saltamos na estação da cura, será a hora de nos despedirmos. Quero dizer para você que se precisar, poderá pedir à mamãe ou ao papai para falarem comigo e poderemos quem sabe, fazer mais algumas viagens. Mas, o seu trabalho foi tão especial que acredito ser possível nos falarmos por mensagens, pelo telefone, pelo computador. Acho que podemos matar a saudade de vez em quando. Quem sabe, por exemplo, deixamos uma sessão de visita marcada para daqui a um tempo, o que acha?" Essa possibilidade é apresentada para o caso da criança se sentir em dúvida a respeito da sua performance, evitando qualquer incidência de insegurança ou vontade de estar em um ambiente divertido e agradável no qual os olhares e o tempo estão voltados para ela.

Em seguida, digo: "Agora, quero te homenagear pelo trabalho incrível que você fez." Fazemos o equivalente a uma cerimônia de condecoração, com a presença do (s) cuidador (es) caso a criança nos autorize, na qual a criança recebe um troféu e/ou uma medalha de coragem e competência, nos quais estão gravados o seu nome, reverenciando todo o seu esforço por ter realizado o processo terapêutico. Digo: "Receba este troféu (e/ou medalha) pela sua grande coragem em fazer a viagem até a estação da cura. Você fez um trabalho excelente, parabéns." (Gomez, 2014)

Muitas são as possibilidades para homenagear a criança: às vezes faço um pequeno kit com lápis de cor, giz de cera, um bloquinho, adesivos, cola colorida e digo para a criança: "De agora para frente, este material poderá ser usado por você para desenhar muitas coisas boas e especiais".

Outras vezes, ofereço um tubinho de bolha de sabão e informo ao clientinho que ele poderá se lembrar de como é importante respirar de maneira tranquila e suave e ver as suas bolhas coloridas subirem alto e voarem.

Uma alternativa da qual gosto muito é entregar à criança um pacotinho de semente de flores ou do seu legume/verdura favorita e pedir ao cuidador que a ajude a plantar e depois a colher o fruto saboroso do seu próprio esforço. Com esta atividade temos uma oportunidade muito valiosa, passar a mensagem de que a criança é capaz de realizar coisas incríveis, inclusive de plantar e colher os resultados do seu empenho. Outro ponto muito especial é ensaiar com a criança o compromisso de ser responsável pelo que semeia, pois os frutos sempre vêm e eles podem ser saborosos e saudáveis.

O objetivo primeiro do trabalho de preparar o voo e construir as asas é reverenciar tanto a força da criança quanto a sua atitude de enfrentar as dificuldades e sair vitoriosa. Funcionará como uma matriz importante com a qual poderá contar dali para frente. Além disto, legitimamos o encerramento do seu processo.

Desembarcando na estação da cura

Foi uma viagem muito prazerosa e especial até aqui. Quando viajamos com pessoas agradáveis, o percurso é leve, sempre vale a pena.

Ao longo do nosso itinerário no trem do reprocessamento, visitamos todas as *estações* da terapia EMDR. Estivemos na estação 1 da História Clínica, na qual pudemos compreender a importância de olhar abrangentemente para toda a história que constitui o funcionamento emocional e comportamental do nosso pequeno cliente. Verificamos questões relativas ao contexto pré, peri e pós-natal, afinal, somos um somatório do que nos cerca e, antes mesmo de nascermos, já existe uma narrativa a nosso respeito. Ainda nesta estação, o funcionamento da terapia EMDR é esclarecido, alicerçamos o que podemos esperar como resultados, firmamos o contrato terapêutico e definimos toda a logística sobre o atendimento em si. Para além disto, levantamos as informações sobre as experiências adversas vivenciadas pelo paciente, acessamos o seu repertório de recursos, conhecemos os cuidadores com os quais ele pode contar, construímos o Plano de Tratamento e firmamos a aliança terapêutica, tanto com a criança quanto com seus cuidadores.

Na estação 2, Preparação, ensinamos à criança a falar o EMDRês. A terapia EMDR tem um funcionamento bastante particular e conhecê-lo favorece o seu desenvolvimento seguro e resultados promissores. Será nesta estação que a criança aprenderá sobre o sinal de pare, a respeito da metáfora, sobre os barcos que se cruzam, será apresentada aos movimentos bilaterais e fará a instalação do Lugar Seguro. Faz parte dos objetivos desta estação, garantir que a criança aprenda a se autorregular, para se manter estável dentro e fora da sessão. Toda a informação sobre o idioma da terapia EMDR deverá ser oferecida à criança de maneira lúdica e leve afinal, esse é o dialeto mais palatável para ela.

Um ponto importante a ser ressaltado se refere à adequação da linguagem e das orientações, dependendo da idade e do nível de compreensão do paciente. Para crianças bem pequenas, de pouca idade, via de regra, o manejo necessita de outros ajustes, para além dos já mencionados, conforme foi possível acompanhar nos atendimentos compartilhados no capítulo 3, Fase 4.

Na terceira estação, a de Avaliação, o terapeuta EMDR e a criança, serão detetives muito competentes e buscarão por pistas que permitam compreender se existe alguma (s) história (s) anterior que responda pela sintomatologia ou dificuldade apresentada por ela. Será nesta estação que tanto um quanto outro personificarão Sherlock Holmes, o detetive mais eficiente de todos os tempos. Assim, estes parceiros poderão acessar os rastros que provavelmente, deram origem à série de disfuncionalidades, utilizando-se de: questionamento direto, flutuar para trás e/ou escaneamento de afeto. Independentemente de haver uma ocorrência precoce ou da situação se tratar de um trauma de evento único, o alvo deverá ser acessado. Para que isto aconteça, os Sherlock's de plantão, usando seus chapéus de detetive, vão abrir a *Caixa de Pandora* (alvo), por meio dos elementos do ICES. Todo este processo deverá acontecer de maneira lúdica para que, fazer contato com a história disfuncional não precise mais ser uma dor.

Já na estação 4, Dessensibilização, após a Caixa de Pandora ter sido aberta na Fase de Avaliação, é hora de o Dr. Sara Cura começar a mastigar e a digerir as histórias do dia ruim. Fazendo uso de fantoches, dedoches, marionetes, lápis de cor, giz de cera, cola colorida, massinha e uma gama de outras possibilidades, o terapeuta EMDR, junto com o pequeno paciente, colocam o trem do reprocessamento nos trilhos de novo. É nesta estação que a dessensibilização e o reprocessamento propriamente dito acontecem.

É importante lembrar que, ajustes podem ser necessários dependendo da idade e do nível de amadurecimento da criança. Estes critérios servirão de base para decidir sobre: o tipo de linguagem que deverá ser utilizada, a presença do cuidador nesta estação, o tempo de permanência da criança na sessão, o manejo apropriado para o reprocessamento, o tipo de material e estratégias que serão empregados, dentre outros. Com o trem do reprocessamento viajando a todo vapor outra vez, uma nova perspectiva poderá ser vivenciada pela criança, ampliando suas possibilidades de organização emocional, assim como a condição de uma vida saudável.

Na estação 5, Instalação, é hora de mergulharmos com o pequeno paciente em suas redes positivas de memória. Após o Dr. Sara Cura ter mastigado e digerido o contexto disfuncional deixado pelas vivências difíceis, será imprescindível vincular a história transmutada às redes de memória adaptativas. Para isto, verificaremos com a criança se a CP mudou. Pode ser que após o reprocessamento, outra CP tenha surgido e esta será utilizada para a instalação. Não havendo mudança, o trabalho será executado com a crença positiva escolhida na estação 3. Na sequência, a validade desta crença será medida pelo VoC, fazendo uso de réguas coloridas, de uma língua de sogra, de medidores, dos próprios braços da criança que podem se afastar ou se aproximar, incluindo também nesta estação, o manejo divertido. O próximo passo será fazer a instalação deste pensamento especial a respeito da criança. A partir daí, ela será um escafandrista, mergulhando profundo numa piscina de pensamentos bons e gostosos sobre si, na companhia daquele pensamento específico já escolhido, enquanto o seu ajudante EMDR, vai medindo o quanto a CP vai ficando forte.

Na sexta estação, Checagem Corporal, é chegada a hora de entrevistar o corpo para sabermos se ele tem algo a nos contar a respeito da história acontecida no evento traumático. Ele é o nosso fiel escudeiro e poderá nos ajudar a realizar esse trabalho já que estava lá quando tudo aconteceu. Com lupa em punho ou com qualquer outro recurso que funcione como um detector de sensações, a criança começa a entrevistar o seu corpo, na medida em que você pensa naquela coisa difícil e nas suas palavras positivas sobre si. Ela vai imaginar que está escaneando a si mesma, do fio do cabelo até o dedão do pé, e vai observar se encontra qualquer coisa ruim, chata ou incômoda em seu corpo. A criança poderá fazer o trabalho se conectando com as sensações tanto fora quanto dentro de si, pensando na crença positiva ou repetindo-a, alicerçada pelo contexto da ludicidade. Ao final dessa checagem, vai abrir os olhinhos. Havendo qualquer desconforto, retoma-se o reprocessamento, diferente disso, vamos para o próximo passo.

Quando chegamos à estação 7, Fechamento, nosso trabalho de equipe se refere a fazer o encerramento da sessão. É indispensável que a atenção dual seja descontinuada para que o paciente saia do atendimento com os seus dois pés no aqui e agora. Será imperativo acessar esta estação, independentemente de a sessão ter sido completa ou incompleta, bem como, usar os procedimentos adequados para este arremate.

Neste contexto, além do lugar seguro, contamos com diversas possibilidades de fechamento, visto que precisamos oferecer à criança uma estratégia que a atenda inteiramente, levando em consideração, inclusive, a sua idade e a capacidade para compreender e realizar o que for solicitado. É importante que ela consiga deixar o conteúdo trabalhado bem fechadinho, ficando confortável e protegida dentro de uma janela de tolerância que lhe caiba e agasalhe.

Em relação à estação 8, Reavaliação, embarcaremos por ela a cada nova sessão, desde que ainda estejamos cuidando de um alvo em aberto. Quando a criança retorna para a sessão seguinte, Sherlock Holmes e as suas ferramentas de trabalho entram em ação mais uma vez. Vamos, por meio do nosso ofício de detetive, verificar como está aquela história difícil da qual cuidamos na sessão anterior. Havendo qualquer tipo de perturbação, por menor que seja, deve-se retomar o reprocessamento (vamos voltar à fase 4). Caso não haja remanescente, o processo continuará contemplando as fases que ainda faltam. Para fazermos a reavaliação, tanto a criança quanto os seus cuidadores deverão ser ouvidos.

Depois que percorremos todas as estações do protocolo de 8 fases com o alvo específico, vamos seguir para mais uma estação importante: a da Projeção para o Futuro. O objetivo nesta estação é criar um molde positivo de futuro, permitindo que a criança possa responder adaptativamente à sua história de vida. Criaremos um cenário com a máxima: *luz, câmera, ação, claquete* e a criança vai imaginar que é um artista de Hollywood e junto com o seu Dr. Sara Cura, rodarão um filme de como a história trabalhada terminou bem. Aqui também, o uso da criatividade e da imaginação não tem limites. O filme será rodado em conexão com a crença positiva, na medida em que o paciente assiste a si mesmo vivendo de maneira saudável e protegida, no futuro, apesar da história disfuncional que ele viveu. A passagem do filme será acompanhada de MBs.

Após toda esta trajetória, e uma vez reprocessado o conteúdo relacionado no Plano de Tratamento, é hora de preparar a criança para finalizarmos seu processo terapêutico.

Embora esta estação não componha o procedimento clássico da terapia EMDR, com seus protocolos dinâmicos e articulados, ela se integra de forma fluida ao passo a passo desta abordagem. Semear a esperança e deixar a sua mão de ajudante EMDR estendida é a mensagem que este procedimento deseja anunciar.

Informar que o adorável trem do reprocessamento está chegando à última estação, e que logo iremos desembarcar, é a primeira sinalização que vamos oferecer à criança. Nesta etapa, vamos reverenciar sua coragem, força e seu investimento para que o Dr. Sara Cura pudesse mastigar tudo aquilo que aconteceu de ruim. Vamos condecorá-la pelo seu comprometimento e, acima, de tudo, chancelar as conquistas alcançadas que serão um modelo positivo e duradouro, como uma segunda pele, que poderá vesti-la dali para adiante.

Nosso itinerário também está chegando ao final, por isto vamos desembarcar. Conseguimos chegar à estação da cura, aquela para a qual todo terapeuta EMDR, em parceria com o seu paciente, compra o bilhete de viagem. Falar em cura na terapia EMDR, não significa afirmar que as vivências disfuncionais não ocorreram, nem mesmo que não houve desdobramentos. O que se quer dizer é não residimos mais naquele endereço. Por meio do trabalho com esta modalidade terapêutica, o que se busca é alcançar a transmutação das lembranças mal-adaptativas, para que, após reprocessadas, possam se reintegrar às redes positivas de memória, passando a se comunicar inter-hemisfericamente de maneira funcional. Este movimento, possibilita acessar uma nova compreensão relativamente ao que foi vivido, já que todo reprocessamento gera aprendizagem. Ao recolocar o trem do reprocessamento nos trilhos, em parceria com o EMDR, o poderoso ajudante incrível (PAI) permite à criança dar um novo contexto para a história impactante que foi vivida, possibilitando a reconexão com a temporalidade, favorecendo a reescrita de sua biografia no aqui e agora e, não mais, a partir do território do trauma.

Uma vez que a memória traumática é estática, por estar apartada da comunicação entre os dois hemisférios cerebrais, ela não recebe atualização. Por este motivo, a criança se conectava com o presente usando as lentes do evento traumático. Após o reprocessamento do conteúdo disfuncional, ela passa a se relacionar com sua história na perspectiva atual, uma vez que o conteúdo antes bloqueado, volta a fluir naturalmente.

Foi um enorme prazer viajar com você no trem do reprocessamento. Desejo que o seu pequeno paciente, sob sua condução e companhia, possa fazer muitas viagens neste trem e que encontre diversas possibilidades curativas durante o trajeto; que ele seja transformador, suave e feliz. Até o próximo embarque, falando diretamente da cabine central, a maquinista.

Esclarecimentos sobre a Terapia EMDR

Fico feliz que tenha se interessado pela leitura do livro, gestado com imenso carinho. Para o caso de não conhecer a abordagem que respalda todo o percurso metodológico aqui apresentado, convido você para ler um pouco sobre a terapia EMDR.

A.   O que significa EMDR?

O EMDR (Eye Movement Desensitization and Reprocessing) é uma nova forma de psicoterapia desenvolvida nos Estados Unidos no final dos anos 80 pela psicóloga Francine Shapiro. O acrônimo EMDR significa Dessensibilização e Reprocessamento por meio dos Movimentos Oculares. O trabalho realizado com esta abordagem permite o reprocessamento de lembranças difíceis e dolorosas (traumas), possibilitando a integração do conteúdo disfuncional em diferentes regiões cerebrais.

A focalização de elementos da memória traumática e a estimulação bilateral (visual, auditiva ou tátil) promovem o "diálogo" entre os hemisférios cerebrais e a "metabolização" (reprocessamento) do trauma. Em pouco tempo, o indivíduo tem a sensação de maior distanciamento da perturbação traumática. Um processo arrojado que promove a dessensibilização e a reconsolidação de lembranças disfuncionais, colocando-nos em um estado mais adaptativo e saudável, alinhando equilibradamente razão, emoção e ação.

B.   Objetivo

O objetivo do tratamento com EMDR é transmutar de forma rápida e eficaz as memórias disfuncionais do passado por meio da modificação espontânea da forma e do conteúdo da informação disfuncional. O processo, em si, age tanto sobre a ferida traumática quanto sobre o conflito que dela surge, tornando-se uma abordagem terapêutica completa, rápida e segura.

Por meio dos resultados alcançados com a terapia EMDR, o cliente é capaz de se organizar melhor, desfazendo-se de sentimentos, sensações e pensamentos inadequados, construídos pelas memórias traumáticas, conseguindo vivenciar de maneira mais equilibrada o seu presente, podendo planejar melhor o seu futuro.

C. Quais são as vantagens do uso do EMDR?

Exposição reduzida – Como se trata de um processo terapêutico basicamente não verbal, não há necessidade de que o cliente fale demasiadamente sobre o que lhe incomoda ou traz sofrimento. Basta que o conteúdo da memória disfuncional seja endereçado para áreas mais adaptativas do cérebro (via movimentos bilaterais) para que o alívio dos sintomas e posterior processo de cura seja observado e vivenciado. O tratamento em si não requer uma exposição prolongada a estímulos geradores de alta ansiedade e dessensibiliza rapidamente o evento traumático.

Fisiologia – Assim como o sistema imunológico cura o nosso corpo físico, por meio da cicatrização, por exemplo; o cérebro tem a capacidade de se curar de memórias e emoções perturbadoras. O processo curativo será possível tão logo os obstáculos para a cura sejam removidos.

Rapidez – O fluxo rápido e intenso do reprocessamento traz agilidade ao tratamento, possibilitando, na maioria dos casos, a cura emocional em tempo bastante reduzido. A terapia EMDR não é apressada, os seus resultados breves se devem ao caráter focal da sua metodologia de trabalho. A estimulação bilateral empregada pelo método ativa os mecanismos naturais de cura que agem no corpo e na mente, por isso a rapidez de seus efeitos é percebida em pouco tempo. Tais efeitos rápidos e positivos resultam de mudanças neuroquímicas que reequilibram o sistema fisiológico inerente responsável pela assimilação saudável do evento traumático.

Rastreamento – O sistema de processamento da informação tem a capacidade de rastrear a questão traumática (alvo) de maneira autônoma, favorecendo o processo de cura, mesmo quando o cliente não sabe racionalmente o porquê da ocorrência dos sintomas apresentados.

D. Indicações

Por se tratar de uma abordagem criteriosa com respaldo científico, a terapia EMDR promove resultados positivos e organizadores para clientes de todas as idades. Especificamente no caso de crianças, todo o processo é desenvolvido baseando-se em estratégias lúdicas, aproveitando a capacidade natural do cérebro para ativar recursos curativos oriundos do hemisfério cerebral direito, intensamente conectado à criatividade, emocionalidade e espiritualidade. A utilização de movimentos bilaterais específicos amplia sua utilização eficaz para públicos diversos. Como o reprocessamento acessa o conteúdo disfuncional que está bloqueado em redes de memória, o foco da terapia EMDR é, precisamente, o cérebro. Desta forma, se tem cérebro, reprocessa!

   Como treinadora e psicoterapeuta nesta abordagem, convido você a conhecer um pouco mais sobre o nosso trabalho como EMDRistas. Para maiores informações, consulte o site: *www.emdrtreinamento.com.br* e venha vivenciar uma revolução em sua prática clínica.

Referências Bibliográficas

4 EXERCÍCIOS de respiração divertidos paras as crianças. **A mente é maravilhosa**, [s. l.] 25 jun. 2018. Disponível em: https://amenteemaravilhosa.com.br/4-exercicios-de-respiracao-para-as-criancas/. Acesso em: 28 fev. 2020.

AFIFI, T. O.; MOTA, N. P.; DASIEWICZ, P., MACMILLAN, H. L; SAREEN, J. Physical punishment and mental disorders: results from a nationally representative US sample. **Pediatrics**, Bethesda, ano 2, 2012. Disponível em: https://pubmed.ncbi.nlm.nih.gov/22753561/. Acesso em: 28 fev. 2020.

BREWER, S. *apud* NOGUEIRA, R. L. **The Trauma Tree** – Understanding The Impact Of Childhood Trauma. 2020. Disponível em: https://www.steampoweredfamily.com/brains/the-impact-of-childhood-trauma/. Acesso: 19 abr. 2021.

CARROLL, L. **Alice no País das Maravilhas**. Petrópolis: Arara Azul, 2002.

CASTIGOS físicos aumentam chances de crianças apresentarem distúrbios mentais na vida adulta. **Veja**, São Paulo, 2 jul. 2012, Saúde. Disponível em: https://veja.abril.com.br/saude/castigos-fisicos-aumentam-chances-de-criancas-apresentarem-disturbios-mentais-na-vida-adulta/. Acesso em: 15 mar. 2020.

DIVISION OF VIOLENCE PREVENTION NATIONAL CENTER. **Preventing Adverse Childhood Experiences (ACEs):** Leveraging the Best Available Evidence. Apostila de Prevenção às Experiências Adversas de Infância. Atlanta, 2019.

EMDR TREINAMENTO E CONSULTORIA. **Manual de EMDR**. Brasília, 2019.

EMDR TREINAMENTO E CONSULTORIA. **Manual de Capacitação:** Treinamento Básico em Terapia EMDR, Nível 1. Brasília: 2018.

GRAND, David. **Cura Emocional em velocidade máxima:** o poder do EMDR. Brasília: Nova Temática, 2007.

GOMEZ, A. M. **Dia Ruim... Vá Embora**. Brasília: EMDR Treinamento e Consultoria, 2008. 29p.

_____. **Terapia EMDR e Abordagens Auxiliares com Crianças:** trauma complexo, apego e dissociação. Brasília: TraumaClinic Edições, 2014. 365 p.

_____. **A história da Ostra e da Borboleta:** o coronavírus e eu. Phoenix, [s. n.], 2020. Disponível em: https://www.traumaclinicbrasil. com.br/blog/2 Acesso em: 10 maio 2021.

_____. **Minha Caixa de recursos para o Coronavírus**. [S. l.: s. n.]. 2020, Disponível em: https://www.traumaclinicbrasil.com.br/blog/2. Acesso em: 10 maio 2021.

IMAGENS de dois cérebros infantis mostram a diferença que o amor dos pais faz. **BOL**, São Paulo, 04 nov. 2017. Disponível em: https://www.bol.uol.com.br/noticias/2017/11/04/imagens-de-dois-cerebros-infantis-mostram-a-diferenca-que-o-amor-dos-pais-faz.html. Acesso em: 28 de fev. 2020.

JARERO, I. *et al.* The EMDR Integrative Group Treatment Protocol: application with child victims of a mass disaster. **Journal Of EMDR Practice And Research**, [s. l.], Springer Publishing Company, v. 2, n. 2, p. 97-105, 1 jun. 2008.

LISAUSKAS, R. As crianças escutam gritos que não direcionados a elas. **Estadão**, São Paulo, 24 abr. 2020. Disponível em: https://emais.estadao.com.br/blogs/ser-mae/as-criancas-escutam-gritos-que-nao-sao-direcionados-a-elas/. Acesso em: 22 jun. 2020

MANFIELD, P.; LOVETT, J.; ENGEL, L.; MANFIELD, D. Use of the Flash Technique in EMDR Therapy: Four Case Examples. In.: **Journal of EMDR Practice and Research**. Nova Iorque, v. 11, n. 3, 2017. Disponível em: https://www.researchgate.net/publication/320828739_Use_of_the_Flash_Technique_in_EMDR_Therapy_Four_Case_Examples. Acesso em: 28 fev. 2020.

MEU abusador não é um monstro. **Aleteia**, [*s. l.*], 30 maio 2018, Estilo de Vida. Disponível em: https://pt.aleteia.org/2018/05/30/meu-abusador-nao-e-um-monstro/. Acesso em: 17 jun. 2020

MUSNAM, S. A real função do sono. UAI, Belo Horizonte, 23 set. 2020, Saúde Plena. Disponível em: https://www.uai.com.br/app/noticia/saude/colunistas/silvio-musman/2020/09/23/noticias-saude,262871/a-real-funcao-do-sono-voce-sabe-qual-e.shtml. Acesso em: 30 set. 2020

NOGUEIRA, R. L. **Neurociência e Psicologia:** Quem Matou Odete Roitman? Regina Lúcia Nogueira responde. 2020. 1 vídeo. (2h51min43s). Publicado pelo canal: Dra. Regina Lúcia Nogueira. Disponível em: <https://www.youtube.com/watch?v=ZRhtBzw7YWk&t=2502s>. Acesso em: 15 ago. 2020.

_____. **Brasil, precisamos falar sobre trauma e sobre o presente e futuro de todas as nossas crianças**. Brasília, 21 de ago. 2020. Facebook: dra.reginalucianogueira . Disponível em: https://www.facebook.com/117108769694001/photos/a.121536662584545/348418146563061/?type=3. Acesso em: 23 abr. 2021.

O SONHO do urso. Jandira: Ciranda Cultural, 2009. 1 livro de pano, tecidos coloridos e pelúcia.

PASSOS, Sheila. **O Enigma do Capacete**. Belo Horizonte: Almo Digital, 2005.

POTE das emoções: entre cores e sentimento. **Criando com Apego**, [*s. l.*], 2017. Disponível em: https://www.criandocomapego.com/pote-das-emocoes-entre-cores-e-sentimento/. Acesso em: 15 mar. 2020

SHAPIRO, F. **EMDR terapia de dessensibilização e reprocessamento por meio dos movimentos oculares:** princípios básicos, protocolos e procedimentos. São Paulo: Amanuense, 2020.

SIEGEL, D. J.; BRYSON, T. P. **O cérebro da criança**. São Paulo: nVerso, 2015. 240p.

UNICEF: Pesquisa nacional revela os impactos da pandemia em crianças e adolescentes. **UOL**, São Paulo, 11 dez. 2020. Disponível em: https://cultura.uol.com.br/noticias/14730_unicef-pesquisa-nacional-revela-os-impactos-da-pandemia-em-criancas-e-adolescentes.html Acesso em: 12 dez. 2020.

VAN DER KOLK, B. **O corpo guarda as marcas:** cérebro, mente e corpo na cura do trauma. Rio de Janeiro: Sextante, 2020. 479p.

Sobre a autora

Jackeline Figueiredo Barbosa Gomes

Psicóloga formada pela Universidade Federal de Minas Gerais e Mestre em Psicologia pela PUCMinas. Jackeline é Full Trainer em EMDR pelo *EMDR Institute* e EMDR Iberoamérica, Facilitadora, Supervisora e Organizadora dos cursos de Formação Básica e de Educação Continuada em terapia EMDR. É Terapeuta de *Brainspotting*, Terapeuta Breve, Hipnoterapeuta Ericksoniana, Especialista em Análise e Interpretação de Sonhos.

Cotradutora e Revisora Técnica da 3a edição do livro *EMDR – Terapia de Dessensibilização e Reprocessamento por meio de movimentos oculares* da Dra. Francine Shapiro. Tradutora dos livros: *Terapia EMDR e Abordagens Auxiliares com Crianças – Trauma Complexo, Apego e Dissociação; A história da Ostra e da Borboleta: o coronavírus e eu* e *Minha Caixa de recursos para o Coronavírus*, de autoria de Ana M. Gomez.

Publicou os capítulos "EMDR e Cura sistêmica: a gestação de uma nova história de vida" e "EMDR e o Buraco do Assovio" nos livros *Conquistas na Psicoterapia II e III*, respectivamente.

Já no livro *O trabalho e as pessoas com deficiência: Pesquisas, Práticas e Instrumentos Diagnósticos*, é de sua autoria o capítulo denominado "O profissional com deficiência e o mercado de trabalho: parceria de sucesso". Ainda sobre a temática, é autora dos seguintes capítulos: "Mercado de Trabalho: procuram-se vagas para pessoas com deficiência visual" e "Mercado de Trabalho para deficientes visuais", nos livros *A Cegueira às claras* e *Agentes da Luz, o Instituto*, respectivamente.

Jackeline é revisora do livro: *A magia de nossos disfarces* da Dra. Tereza Robles.

Ministra, para terapeutas EMDR, o curso "Terapia EMDR com crianças: Desatando nós, construindo laços", de sua autoria.

Mais Livros da TraumaClinic Edições

www.ingramcontent.com/pod-product-compliance
Lightning Source LLC
Chambersburg PA
CBHW070344270326
41926CB00017B/3981